rowohlts monographien
begründet von Kurt Kusenberg
herausgegeben
von Wolfgang Müller und Uwe Naumann

Christoph Martin Wieland

mit Selbstzeugnissen
und Bilddokumenten
dargestellt von
Irmela Brender

Rowohlt

Dieser Band wurde eigens für «rowohlts monographien» geschrieben
Den Anhang besorgte die Autorin
Redaktionsassistenz: Katrin Finkemeier
Umschlagentwurf: Walter Hellmann
Vorderseite: Wieland. Ölgemälde auf Holz von Ferdinand Carl Christian
Jagemann, 1805. Goethe-Nationalmuseum. Weimar
(Nationale Forschungs- und Gedenkstätten der klassischen
deutschen Literatur, Weimar)
Rückseite: Titelblatt des «Teutschen Merkur» von 1789
(Schiller-Nationalmuseum, Marbach)

Veröffentlicht im Rowohlt Taschenbuch Verlag GmbH,
Reinbek bei Hamburg, Dezember 1990
Copyright © 1990 by Rowohlt Taschenbuch Verlag GmbH,
Reinbek bei Hamburg
Alle Rechte an dieser Ausgabe vorbehalten
Satz Times (Linotronic 500)
Gesamtherstellung Clausen & Bosse, Leck
Printed in Germany
ISBN 3 499 50475 8

3. Auflage September 2003

Inhalt

Zugang zu einem vielgelobten Ungelesenen 7
Erste Bildung 9
Gott und Weisheit, Tugend und Sophie 17
Die Schweizer Jahre 26
Fruchtbar in der Barbarei 37
Der Dichter als Lehrer am unrechten Ort 62
Philosoph der Fürsten 77
Essayist und Publizist der Deutschen 94
Vater Wielands Wunderdinge 108

Anmerkungen 130
Zeittafel 142
Zeugnisse 144
Bibliographie 147
Namenregister 156
Dank 159
Über die Autorin 159
Quellennachweis der Abbildungen 159

Kohlezeichnung von Anton Graff, ca. 1794

Zugang zu einem vielgelobten Ungelesenen

Fast jeder, der in den letzten 75 Jahren über Christoph Martin Wieland schrieb, begann mit der Feststellung: Er wird nicht mehr gelesen. Daß 1984 ein preiswerter Nachdruck der Ausgabe letzter Hand von Wielands *Sämmtlichen Werken* erschien[1]*, daß drei Jahre später der amerikanische Germanist Thomas C. Starnes seine verdienstvolle dreibändige Chronik von Leben und Werk des Dichters vorlegte[2], hat wenig daran geändert: Die *Sämmtlichen Werke* wurden zunächst rasch, dann langsam verkauft und schließlich verramscht, die Chronik erwies sich als unverzichtbare Hilfe für Interessierte, aber gelesen wird der deutsche Voltaire – wie Napoleon ihn nannte – nach wie vor nur von einer Minderheit.

Das nimmt nicht für Wieland ein. Denn schließlich liest man doch noch seine Zeitgenossen Lessing, Goethe, Schiller, Kleist, Jean Paul und Kant; zudem war er vielseitig, war Romancier, Versepiker, Journalist, Kritiker, Übersetzer; und endlich war er wichtig, übersetzte als Erster Shakespeare-Dramen ins Deutsche, schrieb das erste deutsche Drama in Blankversen (*Lady Johanna Gray*, 1758), den ersten modernen Entwicklungsroman (*Die Geschichte des Agathon*, 1766), den ersten deutschen Operntext (*Alceste*, 1773), gab die erste erfolgreiche belletristische Zeitschrift in Deutschland heraus (*Der* – von 1790 an *Der Neue* – *Teutsche Merkur*, 1773 bis 1810). Wo über ihn geschrieben wird, ist die Fülle ästhetischer Mittel erwähnt, die er beherrschte: Vielfalt der Perspektiven, Durchbrechen der Illusion, Ironie, Dialogkunst, Einbeziehung des Lesers, erlebte Rede und Reflexion über das Erzählen im Erzählen.

Vielleicht war er zu virtuos? Oder zu sehr Zeitgenosse? Oder, aus heutiger Sicht, gar – zu langweilig?

Er war ein virtuoser Zeitgenosse der Berühmteren. Sie bestachen durch Leidenschaft und Genie. Wielands literarische Vorzüge waren die spielerische Laune, die geschmeidige Sprachkunst, Urbanität, Klarheit und scharfer Verstand – Eigenschaften, die der Sehnsucht des deutschen

---

* Die hochgestellten Ziffern verweisen auf die Anmerkungen S. 130f.

Publikums nach Tiefe nicht entgegenkamen. Wenn ihm die Mit- und Nachwelt nicht undeutsche Gallomanie und Gräkomanie, Unmoral und Kosmopolitismus vorwarf, hielt sie ihn wegen seiner Bildung für einen Dichter der höheren Stände oder stilisierte ihn zu einem Klassiker, der zu hoch stand für die Auseinandersetzung.

Aber die Klugen, Goethe und Arno Schmidt markieren die Skala, wußten und wissen, was sie an ihm haben. «Man muß viel wissen, selbst Intellektueller sein, um Wieland genießen zu können... Jeder Prosafachmann sollte daran interessiert sein, von Wieland zu lernen; einem Manne, durch dessen Schreibtisch wir Schriftsteller unsern ersten Meridian ziehen müssen.»[3] Das gilt im Zeitalter der – mit einem fragwürdigen Begriff – so genannten Postmoderne vielleicht mehr denn je. Auch wir, zwischen die Zeiten gestellt wie Wieland zwischen Rokoko und Klassik, spielen in der Kunst mit vorgegebenen Mustern, lassen Vorbilder an- und mitklingen, sind zitierfreudig aus Lust, das Erbe ironisch weiterzubilden: Tradition gibt Haltung; mit ihr zu spielen, beweist Souveränität. Auch wir stehen vor Umwälzungen, denen wir nur mit Aufmerksamkeit und Vernunft begegnen können – wie Wieland, der Aufklärer, es vorgemacht hat. Auf einen solchen Ahnen könnte man sich einlassen; und das ist die erste Voraussetzung, ihn zu genießen, von ihm das Vergnügen des heller werdenden Lichtes zu übernehmen.

Erste Bildung

Ich bin den 5. September 1733 in der Freien Reichsstadt Biberach geboren, aus einer alten bürgerlichen Familie daselbst, deren sämtliche Glieder seit 150 Jahren ansehnliche öffentliche Ämter in dieser kleinen Republik verwaltet haben. Dieser Umstand, verbunden mit der damaligen großen Frugalität und Simplizität der Lebensart und Sitten an diesem Ort, mit einer Art von Naturleben in einer sehr anmutigen Gegend, bei nicht dürftigen, aber doch auf das Notwendige beschränkten Vermögensumständen, hatten großen Einfluß auf meine erste Bildung.[4]

Genaugenommen wurde Christoph Martin Wieland im Dorf Oberholzheim geboren, das zum Gebiet von Biberach gehörte. Der gebürtige Frankfurter Goethe nannte Biberach eine kleine Reichsstadt in Schwaben, und das war es auch, aber eine besondere: Im Westfälischen Frieden war die Stadt mit ihrer konfessionell geteilten Bevölkerung paritätisch geordnet worden, und vermutlich hatte Wielands Urgroßvater, damals Bürgermeister von Biberach, den Artikel in der Schlußakte von Münster mitunterzeichnet, nach dem Rat und Magistrate unter dem Gesichtspunkt der konfessionellen Parität zu besetzen seien und die eine reichsstädtische Kirche zu St. Martin dem Gottesdienst der Katholiken und der Protestanten nach einem festgesetzten Zeitplan zur Verfügung zu stehen habe. Diese Regelung gab viel Anlaß zu Querelen, Intrigen und Verschleppung der Geschäfte, sie bot den Biberachern aber auch Gelegenheit, Toleranz und wahre Frömmigkeit zu üben.

Fromme Leute waren die Wielands seit Generationen. Der Großvater des Dichters, Thomas Adam d. Ä., hatte als fröhlicher Pfarrherr in Oberholzheim gepredigt, der Vater, Thomas Adam d. J., brach sein Jurastudium ab, als sein älterer Bruder, ein Theologe, starb, und wurde ebenfalls Pfarrer. Er hatte in Halle studiert, wo eine Verwandte mit dem Pietisten August Hermann Francke verheiratet war, und entwickelte selber starke pietistische Neigungen. Darüber hinaus muß er ein guter Pfarrer gewesen sein, denn drei Jahre nach der Geburt seines zweiten Sohnes Christoph Martin wurde er als Prediger nach Biberach versetzt, später rückte er zum Senior des geistlichen Ministeriums auf. Er wurde vom Sohn als ernster, ängstlich frommer Mann geschildert; die Mutter Re-

Wielands Geburtshaus in Oberholzheim. Stich von Wenzel Pobuda nach einer Zeichnung von M. Braun, 1840

gina Katharina geb. Kick, Tochter eines Majors im badischen Militär, soll ein sanftes, dabei aber etwas reizbares Gemüt gehabt haben, Lebhaftigkeit und Phantasie – man stellt sie sich danach launisch vor, in guten Stunden aber anregend und spielfroh.

Sie hatte allerdings fünf Kinder – drei davon starben früh – und viele Pflichten, und gespielt wurde im 18. Jahrhundert sowieso nicht lange: als Kindheit galt in den bürgerlichen Familien eigentlich nur die Hätschelperiode. Christoph Martin war schwächlich, er erkrankte an Blattern und hatte eine Brustschwäche, also wohl eine angegriffene Lunge, aber er lernte eifrig und gern. *Ich war sehr frühzeitig, und mein Vater war von meinem dritten Jahre an mein erster Lehrer. Mit 8 Jahren las ich ‹Nepos vitas› schon mit den feurigsten Gefühlen – im 13. Jahre verstand oder divinierte ich meinen Horaz oder Vergil besser als mein Lehrer.*[5]

Heute klingt das wie die Leistungen eines Wunderkindes: *Bis in mein 14tes Jahr legte ich theils unter meinem Vater theils unter andern Lehrern Gründe im Latein, Griechischen, Hebräischen, u: d. Mathematik, Logik und Historie. Ich liebte die Poesie von meinem 11 Jahre an ungemein. Gottsched war damals mein magnus Apollo u: ich las seine Dichtkunst unaufhörlich. Brokes war mein Leibautor. Ich schrieb eine unendliche Menge von Versen... Ich pflegte mit der ersten Morgenröthe schon aufzustehen, weil ich des Tags über keine Verse machen durfte. Im 12ten Jahr*

Wielands Mutter,
Regina Katharina Wieland,
geb. Kick.
Geschnittene Silhouette

Thomas Adam Wieland d. J.
(1740–72).
Ölgemälde, angeb. von
Johann Martin Klauflügel

Johann Jakob Doll (1718–72), Rektor der lateinischen Schule in Biberach

übte ich mich sehr in lateinischen versen, und weil ich in meinen Kindischen Gedanken zu stolz war, kleine Versuche zu machen, so schrieb ich ein Gedicht von 600 Versen in genere Anacreontis von der Echo und ein großes Gedicht in distiches von den pygmeen, welches eine Satyre auf meines Rectors Frau war.[6]

Die Frau war sehr klein und der Rektor sehr lang. Wielands Mutter bewahrte diese Versuche viele Jahr lang in Schachteln auf, er selbst verbrannte sie später.

Daß Wieland so früh an die Gelehrsamkeit herangeführt wurde, entsprach dem Erziehungssystem seiner Zeit (in der man höchst befremdet gewesen wäre über den heutigen Brauch, schon Kleinkindern das Schwimmen beizubringen, aber erst den Sechsjährigen den Sinn von Zahlen und Buchstaben zu erklären). Seine eigenen schöpferische Aktivitäten allerdings, die poetischen Übungen, gehörten nicht zu dem, was von einem Bürgersohn seines Alters erwartet wurde.

Mit noch nicht vierzehn war er seinen Biberacher Lehrern entwachsen, und so schickte Pfarrer Wieland seinen Sohn ins Internat Klosterberg bei Magdeburg, wo er unter Leitung des Abtes Steinmetz auf die Universität vorbereitet werden sollte. In dieser Schule wurde nach dem pietistischen Vorbild der Franckeschen Erziehungsanstalten in Halle unterrichtet und gelebt, und das bedeutete zwar religiöse Schwärmerei, aber auch Achtung vor der Persönlichkeit der Schüler. Als Wieland in einer Französisch-Stunde zweimal ungefragt herausgeplatzt war und vom Lehrer eine Ohrfeige bekam, mußte sich der Pädagoge beim Zögling entschuldigen, und als dieser dann nicht mehr zum Unterricht erschien, sondern Französisch mit Hilfe des Wörterbuchs lernte, ließ man es zu.

Titelblatt des «Dictionnaire historique et critique» von Pierre Bayle, 1730

Das Kollegium reagierte auch gelassen, als der junge Biberacher in einem nächtlich verlesenen Aufsatz Gottes Schöpferrolle in Frage stellte: Wenn die Venus aus Meerschaum entstanden war, warum nicht auch das ganze Universum, ohne Gottes Zutun, aus ewigen Elementen?

Die Duldsamkeit der Pädagogen war weise, denn Wieland zweifelte nicht aus Übermut. Er litt an seinem Schwanken zwischen den frommen Idealen des Elternhauses, die hier noch inbrünstiger vertreten wurden, und dem radikalen Freidenkertum, das neu gefundene Lektüre nährte: Er las damals das von Gottsched übersetzte «Historische und Critische Wörterbuch» des Aufklärers Pierre Bayle, der unbedingte Toleranz auch gegenüber Atheisten sowie die Trennung von Staat und Kirche forderte – das Buch blieb ihm ein lebenslanger Begleiter –, er verfolgte die englische Presse, den «Spectator», «Tattler» und «Guardian», und er

Klosterberg bei Magdeburg. Stich von G. Grosse
nach einer Zeichnung von W. H. Mewes

fand Trost bei den Autoren der Antike, bei Livius, Terenz, Vergil, Xenophon, am meisten bei Cicero. *Unterdessen meditirte ich doch immer, glaubte nichts ohne Prüfung, und fiel endlich in Zweifel wegen der Wirklichkeit Gottes die mir viele Schlaflose Nächte und Thränen kosteten.*[7]

Zwei Jahre blieb er in Klosterberge, und in dieser Zeit muß er zu dem Schluß gekommen sein, daß er nicht den Erwartungen des Vaters entsprechen und Theologie studieren könne. Statt nach Biberach zurückzukehren, blieb er ein Jahr lang in Erfurt bei einem Verwandten seiner Mutter, dem Philosophen und Naturwissenschaftler Johann Wilhelm Baumer, der aus Gewissensgründen sein Predigeramt niedergelegt und Medizin studiert hatte. Baumer war damals 30 Jahre alt und führte seinen jungen Gast, für den der Vater nur spärliches Kostgeld zahlte, in die zeitgenössische Philosophie ein. Wieland immatrikulierte sich an der katholischen Universität, aber von seinen Studien dort ist nichts Wesentliches bekannt – vermutlich wollte der Sechzehnjährige nach einer so intensiven Zeit der geistigen Auseinandersetzungen ganz einfach ein paar Monate ausspannen. Ein großes Bildungserlebnis verschaffte ihm Baumer aber doch: *Das Beste, was er an mir tat, war ein sogenanntes Privatissimum, das er mir über – den Don Quichote las.*[8] Viele Jahre später erzählte Wieland seinem Biographen Johann Gottfried Gruber, aus dem Roman des Cervantes habe er zuerst Menschen- und Weltkenntnis gelernt.

Alles, was er wußte, hatte er bisher aus Büchern gelernt. Während andere in ihren prägenden Jahren durch die Begegnung mit Menschen geformt werden, in der Auseinandersetzung mit der Wirklichkeit, mit gesellschaftlichen Umständen, dem Abenteuer von Städten oder Landschaften ihr Lebensgefühl gewinnen und stärken, machte der Pfarrerssohn aus Biberach alle seine frühen Erfahrungen in der Literatur. Ohne sie hätte er in provinzieller und bürgerlicher Enge gelebt; sie öffnete ihm die Fenster zur Welt. Im einen zeigte sich die römische Antike, ins andere wehte der scharfe Wind aufgeklärter französischer Geister, aus dem dritten konnte der Blick über die aufgeräumte Landschaft deutscher Verskunst schweifen, von den philosophischen Lehrgedichten des Schweizers Albrecht von Haller zu dem «Irdischen Vergnügen in Gott», das der Hamburger Barthold Heinrich Brockes melodisch besang, und dazwischen ragten wie Felsen die ersten drei Gesänge von Klopstocks «Messias». Nun hatte er also auch noch eine Luke aufgestoßen zu cervantischer Chevalerie, Ironie und Aventure.

Wieland gehörte sein Leben lang zu denen, die mit Büchern freundschaftlicher und geselliger zusammenleben als mit Menschen. Schon von seiner körperlichen Konstitution her konnte er besser denken als leben, mit allen robusten Anforderungen, die dazugehören, und so war es nicht erstaunlich, daß seine erste Liebe zu einer Frau mit Literatur begann.

Gott und Weisheit, Tugend und Sophie

Ich wurde abwesend mit einer Base bekannt, deren Seele ich so vollkommen mit der meinen harmonisch fand, daß ihr zur Gleichheit nur meine Fehler gebrachen. Ihre Freundschaft und endlich auch ihr obwohl kurtzer Umgang machte mich plötzlich zu einem gantz anderen Menschen... Aus einem flüchtigen und zerstreuten Kopfe ward ich gesetzt, zärtl. edel, ein Freund der Tugend und Religion.[9]

Die Base war Sophie Gutermann, Tochter des Augsburger Stadtphysikus Georg Friedrich Gutermann, und der war ein Vetter von Wielands Mutter. Die Familien standen in Verbindung, und als Christoph Martin Wieland, noch nicht siebzehn, im Frühjahr 1750 ins Biberacher Pfarrhaus zurückkehrte, erfuhr er sicher bald, welche Neuigkeiten es bei den Gutermanns gab: Daß die Mutter der dreizehn Kinder gestorben war und daß der Vater die Älteste, die neunzehnjährige Sophie, gerade daran gehindert hatte, nach einer aufgelösten Verlobung ins Kloster zu gehen.

Der Leibarzt des Fürstbischofs von Augsburg, Giovanni Ludovico Bianconi aus Bologna, hatte Sophie heiraten wollen. Er wünschte sich eine gebildete Ehefrau; deshalb gab er der klugen Sophie Unterricht in den Naturwissenschaften, in Mathematik, Italienisch und Kunstgeschichte und machte sie mit dem klassischen Altertum vertraut; auf seinen Wunsch lernte sie Klavierspielen und bildete ihre Altstimme aus. Bei der Festsetzung des Ehevertrags zerstritt sich jedoch Vater Gutermann, der Protestant, mit dem katholischen Bräutigam und verlangte die Entlobung. Sophie mußte alle Andenken an Bianconi verbrennen, von den Briefen bis zu den Mathematikheften; den Brillantring des Italieners ließ der Vater sie mit zwei Eisen zerbrechen. Sophie gehorchte, doch sie schwor, Bianc’onis Andenken dadurch zu ehren, daß sie nie mehr von den Kenntnissen Gebrauch machte, die sie ihm verdankte.

Die romantische Geschichte beeindruckte den jungen Mulus – nicht mehr Schüler, noch nicht Student, ein Maultier also, nicht Esel, nicht Pferd. Im Herbst wollte er sich an der Universität Tübingen zum Jura-Studium einschreiben, der Vater war mit dem Fachwechsel einverstanden. Jetzt, im Spätfrühjahr, hatte er Zeit zum Träumen, zum Schreiben,

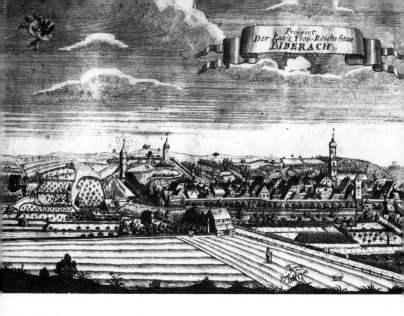

und er schrieb empfindsame französische Briefe an die Base, die sie beeindruckten. Dieser Jüngling wirkte ernsthaft und nachdenklich, fast weltabgewandt, er war ganz anders als die jungen Leute, die sie kannte, und da über eine zerbrochene Liebe nichts besser hinweghilft als eine neue Liebe, reiste Sophie im Sommer voller Erwartung nach Biberach, um ihren Briefpartner kennenzulernen.

Auch im direkten Umgang verstanden sie sich gut, und an einem prächtigen Sonntagmorgen verlobten sie sich: Sie waren in der Kirche gewesen und hatten Christoph Martins Vater über den Text «Gott ist die Liebe» predigen hören. Anschließend machten sie einen Spaziergang aufs Lindele, einen Höhenzug über der Stadt. Mit großer Beredsamkeit kritisierte Wieland die Predigt des Vaters, und man kann sich denken, daß er im Sonnenschein unter grünen Bäumen von der göttlichen Liebe immer mehr auf die menschliche kam, die er schließlich Sophie schwor. Die Braut nahm ihm das Versprechen ab, daß er sein gerade geschildertes Weltbild in Versen darlegen sollte.

Wenige Monate später hielt Wieland Wort mit dem Lehrgedicht *Die Natur der Dinge*, 4000 Verse in sechs Gesängen. Es war ein umständlich argumentierendes Werk zum Lob Gottes, der alle «Geistigkeiten» des Universums durchströmt, in Alexandrinern verfaßt, nach dem Vorbild von Lukrezens «De rerum natura» aufgebaut, und es trug seinem Autor mit siebzehn den Ruf eines deutschen Lukrez ein.

Im Vorbericht zur dritten Ausgabe von 1770 wies Wieland auf den

Biberach von Süden um 1730.
Kupferstich von Melchior Rein
nach einer Zeichnung
von Lorenz Xeller

Sophie Gutermann,
verh. von La Roche.
Pastell, angeb. von
Johann Heinrich
Tischbein d. Ä., um 1750

Friedrich Gottlieb Klopstock (1724–1803).
Stich von Christian Gottlieb Geyser nach einer Zeichnung von Jens Juel

Anlaß des Gedichts hin und auf seine Schwächen, auch auf *die unverständliche und einschläfernde Metafysik des 2. und 3. Buchs* und den *Vortrag, der platt und trocken sei*.[10] Doch trotz seiner Mängel wurde dieses literarische Debut gut aufgenommen: *Was die Poesie dieses Lehrgedichts, zumahl in der ersten Ausgabe von 1751 betrifft, so dürften wohl wenig andere Dichterwerke geschickter seyn, einen Lehrer der poetischen Ästhetik mit Beyspielen aller möglichen Fehler... reichlicher zu versehen; und in der That würde es, wenn man die Zeit, worin es geschrieben wurde, aus den Augen ließe, unerklärbar seyn, wie und wodurch es bey seiner ersten Erscheinung in einem Bodmer, Breitinger, Hagedorn, Sulzer, und anderen principibus viris derselben Zeit eine so günstige Meinung von den Fähigkeiten des jungen Aspiranten hätte erregen können, als wirklich geschehen ist.*[11]

Hier wird der Literaturbetrieb um die Mitte des 18. Jahrhunderts angesprochen, der den Jurastudenten Wieland weit mehr interessierte als die Rechtswissenschaft. Es gab damals zwei deutsche Dichterschulen, die eine von Johann Jakob Bodmer in der Schweiz angeführt, die andere von Johann Christoph Gottsched in Sachsen. Ursprünglich wollten beide das gleiche: den literarischen Zeitgeschmack verbessern und die Sprache reinigen von aller Ausländerei, vom Schwulst und der Verwilderung des späten Literaturbarock. Gottsched, Professor in Leipzig, hatte Bayles «Dictionnaire historique et critique» übersetzt und den mittelhochdeutschen «Äneis» des Heinrich von Morungen entdeckt. Bodmer, Historiker und Ratsherr in Zürich, hatte umfangreiche Proben aus der Manessischen Handschrift veröffentlicht und John Miltons «Paradise Lost» übertragen. Beide Gelehrte waren höchst verdienstvoll. Aber beide wollten auch Dichter sein, und jeder befehdete als Kritiker den anderen. Die Vertreter des Schweizer Lagers, von Wieland zu den *principibus viris*, den angesehensten Männern gezählt, schalten Gottscheds

Johann Jakob Bodmer (1698–1783). Stich von Johann Friedrich Bause nach einer Zeichnung von Anton Graff, 1784

Titelblatt zu «Die Natur der Dinge», 1752

geschwätzige Prosa und seine schlechten Verse. Sie verteidigten nach dem Beispiel des englischen Sensualismus das Wunderbare und Phantastische in der Poesie. Die Gottschedianer, von denen man heute nur noch Christian Fürchtegott Gellert kennt, hielten es dagegen mit dem französischen Rationalismus und vertraten eine Poetik der festen Regeln und klassischen Muster. Bodmer war als Theoretiker schließlich erfolgreicher, als Dichter setzte er seine Ästhetik jedoch wenig überzeugend um: Er schrieb ein Dutzend Epen meist biblischen Charakters, vier

Dutzend Dramen meist klassischen oder vaterländischen Gehalts, insgesamt schrieb er doppelt soviel wie Goethe, aber alles um der Erbauung oder um der Politik willen. Als die ersten Gesänge von Klopstocks «Messias» erschienen, war Bodmer begeistert «von dem Zauberton von wohlgesetzten Füßen», dem Hexameter, der ihn vom Alexandriner und den Erfordernissen des Reims befreite. Er protegierte Klopstock und nahm ihn bei sich auf. Für Wieland, den Bewunderer Klopstocks, war schon das Grund genug, sich den Beifall der Schweizer zu wünschen.

Das Manuskript *Die Natur der Dinge* schickte er allerdings einem anderen Klopstock-Verehrer, Professor Georg Friedrich Meier in Halle, weil ihm dessen Verteidigung des «Messias» gegen die Gottschedianer gefallen hatte. Meier beurteilte die anonyme Zusendung beifällig und ließ sie drucken. Wieland saß inzwischen bereits an einem Heldengedicht in Hexametern, *Hermann*. Mit dieser Arbeit wollte er Bodmer beeindrucken und beweisen, daß er ein nationales Epos wie Miltons «Paradise Lost» schreiben könne. In dem Brief, der die ersten vier Gesänge nach Zürich begleitete, sparte er nicht mit Schmeicheleien: *Hochedelgeborner und Hochgelehrter / Hochzuverehrender Herr Professor, Ich nehme mir die Freyheit Ihr. Hochedelgeboren beykommendes Gedicht zu Dero Beurtheilung zu übersenden. Die Patriotische und edle Neigung zur Beförderung der schönen Wissenschaften in Deutschland, welche die Verständigen und Redlichgesinten schon solange an Ihnen bewundern, läst mich hoffen, daß Sie diese Freyheit entschuldigen werden... Sie erhalten diese Zeilen von einem Unbekanten. Ich kan Ihnen vorjezt nichts von mir entdekken, als daß ich schon eine geraume Zeit einer von Dero Verehrern bin...*[12]

Das war so zierlich gedrechselt – einheitliche deutsche Rechtschreibregeln gab es damals noch nicht –, daß Bodmer in dem Absender einen Adligen vermutete. Das vaterländische Thema und natürlich die Hexameter gefielen ihm, und schon einen Monat später bekam Wieland einen lobenden und ermunternden Brief aus der Schweiz. Von da an war Bodmer neben Sophie der erste Leser von Wielands Dichtungen, und die sprudelten nur so heraus: Ein *Lobgesang auf die Liebe* in Hexametern, *Zwölf moralische Briefe in Versen*, ein neuer Ansatz zu einer Tugendlehre in Alexandrinern, dann *Anti-Ovid oder die Kunst zu lieben*, in dem er die Mäßigung der Begierden und die sinnlich-geistige Harmonie pries und ein Versmaß anwandte, das er von seinem alten Lieblingsdichter Brockes übernommen hatte. Außerdem schrieb er natürlich viele Briefe an Sophie; einem von ihnen lag eine Ode bei mit dem Vers:

> *Dich, Sophie, Dich gab der Himmel mir*
> *Mich der Tugend liebreich zuzuführen;*
> *Ja, ich war bereit mich zu verlieren,*
> *Gott, du sahest es, und gabst Sie mir!*

Jetzo dring ich sicher durch verwachsne Hekken,
Denn ihr redlich Herz verläßt mich nie;
Gott und Weisheit Tugend und Sophie
Sind bey mir, welch Unfall kann mich schrekken.[13]

Bei aller – auch dem Zeitgeschmack verpflichteter – Verehrung der Geliebten als Garantin von Tugend und Standhaftigkeit klingt das ein bißchen wie das Pfeifen im dunklen Wald. Wieland befand sich in einem Dilemma, das ihm angst gemacht haben muß: Nur wenn er sein Studium energisch betrieb, konnte er Sophie bald heiraten – bei seiner Begabung und dem damaligen Studiensystem war es denkbar, daß er in zwei oder

Titelblatt des «Anti-Ovid», 1752

drei Jahren als Doktor der Jurisprudenz eine Stellung finden könne, die das Paar ernährte. Doch: *Ich folgte in meinen Studien bloß meinem Geschmacke und einem gewissen Triebe meines bösen oder guten Dämons. Ein unüberwindlicher Abscheu hielt mich von der Juristerey, die Schwäche meiner Brust vom Predigen, und ein gleichfals mechanischer Ekel vor Todten Körpern Krankenstuben und Spithälern von der Medizin ab.*[14] Weder an der Tübinger Universität noch im Hochmannianum – einer Art privat subventioniertem Studentenwohnheim, das der aus Biberach stammende Rechtsprofessor Johannes Hochmann gegründet hatte – fand er Freunde, Berater oder Lehrer, die ihn zum disziplinierten Lernen ermunterten, und so dichtete er für Sophie, während er doch um ihretwillen hätte studieren sollen. *Nichts ist wohl gewisser, als daß ich, wofern uns das Schicksal nicht im Jahre 1750 zusammengebracht hätte, kein Dichter geworden wäre.*[15]

Wielands Tübinger Werke sind heute mühsam zu lesen, sie imponieren vor allem durch ihre Quantität. Immerhin übte der junge Autor an überkommenen Versformen sein Handwerk; seine Themenwahl – Tugend, das Edle, platonische Glückseligkeit – erlaubte ihm, überhaupt von der Liebe zu reden; und schließlich fand das, was er schrieb, Bodmers Beifall. Von der Limmat kamen Ermunterungen, vom Neckar schallten Lob und Eigenlob und auch Lobhudelei zurück – Wieland hoffte, wie zuvor Klopstock, nach Zürich eingeladen zu werden. Alle anderen Zukunftspläne waren vage und verworren. *Meine künftige Lebensart macht mich oft besorgt; ich wünschte daß ich bestimmt wäre junge Leute auf einem gymnasio in den Wissenschaften zu unterrichten zu denen ich aufgelegt bin. Ich soll auch zu dem Ende auf den Herbst nach Göttingen gehen, um womöglich da als Mg. legens so lange zu bleiben, bis sich mein Schicksal mehr entwickelt. Doch bitte ich Sie hierin um Ihren gütigen Rath.*[16]

Im Mai 1752 schickte Bodmer endlich die ersehnte Einladung; zuvor hatte er Wieland in Tübingen durch seine Freunde Johann Jakob Heß, Hans Kaspar Hirzel und Johann Georg Sulzer begutachten lassen. Wieland war überglücklich und versprach jegliches Wohlverhalten: *Wie preise ich den Himmel von einem Freund wie Sie sind? ... Ich liebe Sie mehr als Hr. Klopstok Sie liebt!*[17]

Bevor er in die Schweiz reiste, verbrachte Wieland den Sommer in Biberach. Er wollte Sophie sehen, sie kam erst kurz vor seiner Abfahrt. Sie würden einander schreiben.

Die Schweizer Jahre

Als Johann Jakob Bodmer im Oktober 1752 Wieland bei sich aufnahm, war er 54 Jahre alt und hatte, um nur noch schreiben zu können, sich von allen seinen Ehrenämtern zurückgezogen. Der einzige Sohn war ihm siebenjährig gestorben; darin könnte man ein Motiv dafür sehen, daß er sich als väterlicher Lehrmeister zunächst um Klopstock, dann um Wieland kümmerte; ein anderes war natürlich, begabte junge Dichter für sich und sein literarisches Credo zu gewinnen. Er lebte mit seiner Frau bescheiden, und er schloß Wieland ins Familienleben ein: Die beiden arbeiteten im selben Zimmer, am selben Tisch, sie aßen aus einer Schüssel – es ging so patriarchalisch zu, wie Bodmer es in seinen biblischen Epen so gern beschrieb. Auch mit Geld unterstützte er den schwäbischen Pfarrerssohn, und selbstverständlich stellte er ihm seine Bibliothek und alle eigenen Erkenntnisse zur Verfügung – kein Wunder, daß Wieland vor Dankbarkeit eingeschüchtert war und voller Selbstverleugnung versprach: *Ich werde bemüht sein, die Gegenwart meines Körpers so wenig als möglich ist, merkbar zu machen.*[18] Vor allem war er bemüht, die Fehler Klopstocks zu vermeiden, der mit seiner modischen Kleidung, seiner Vorliebe für Stadtleben und Geselligkeit und seiner Raucherei den Gastgeber irritiert hatte. Bodmers größte Enttäuschung war gewesen, daß Klopstock sich nicht zu dem idealen Dichter formen ließ, von dem er träumte. Wieland versprach da mehr. Er war klug und eifrig und fleißig, er rauchte nicht, war zufrieden, seine Freizeit mit Bodmer und dessen Freunden zu verbringen, und er hielt sich auch an Bodmers dichterische Gebote: Nur über biblische Stoffe solle er schreiben und nur in Hexametern, und sein Ton solle seraphisch sein, also engelgleich, verzückt.

Soviel devote Anpassung mußte komisch wirken, und es fehlte denn auch nicht an Spott über den merkwürdigen Dichterzögling. Der Idylliker Salomon Geßner, später Wielands Freund, amüsierte sich: «Wieland sitzt bei Bodmern bei einem Schreibe Pult, sitzt da mit stolzer Zufriedenheit und überdenkt seine Hoheit und Tugend, sitzt da und wartet auf Anbetter und Bewunderer, sie mit gnedig segnendem Blick anzulecheln, aber es kommt kein Anbetter... Wieland ist ein Mensch, der in seinem ganzen Leben nichts als ein Dintenfaß und eine Wand voll Bücher gesehen.»[19]

Johann Jakob Bodmers Haus in Berg bei Zürich. Radierung von Johann Jakob Meyer, um 1750

Auch der Schriftsteller und Theologe Johann Heinrich Waser zeichnete ein recht lächerliches Bild von Bodmers neuem Lehrling: «Autor soll... ein junger Löffel seyn, etwa 20. Jahr alt; so dünn wie ein Räbstecken; wolle ein Reformator seyn, sitze beständig im Haus, habe Düpflin (sey pockennarbig), trinke keinen Wein, und gehe Abends um 8. Uhr ordentlich mit einem Milchsüppli ins Beth; sey ein Erzschmeichler wem er wohl wolle; darneben ganz diktatorisch, als ob er alles allein und am besten wisse.» [20]

Es liegt nahe, Wieland in den eindreiviertel Jahren bei Bodmer nur als Opportunisten zu sehen. Doch es gab zumindest mildernde Umstände: Der pietistisch erzogene Pfarrerssohn aus Biberach, damals hinterste

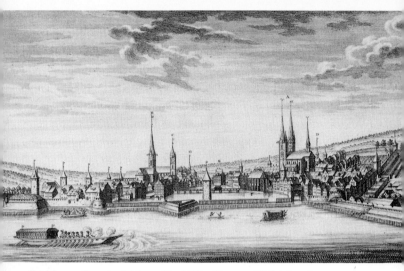

Zürich vom See aus. Stich von David Herrliberger, 18. Jahrhundert

Provinz, mußte, wenn er entwickeln wollte, was in ihm steckte, einen Förderer finden. Zürich war für ihn ein literarisches Zentrum und die weite Welt dazu. Man darf auch unterstellen, daß er zu Beginn Bodmer aufrichtig verehrte und ihn größer sah, als er wirklich war. Vor allem im Vergleich zu dem strahlenden Klopstock mußte der «psychologisch behinderte»[21] Wieland den Schweizern verklemmt und arrogant erscheinen. Der schwärmerische Einzelgänger mit der platonischen Liebe im Herzen hatte damals noch nicht seine Möglichkeiten entdeckt, trotz Pockennarben und schmächtiger Gestalt zu bezaubern, und die Werke, mit denen sein Selbstbewußtsein wuchs, waren noch nicht geschrieben.

Bei Bodmer konnten sie auch nicht entstehen. Abgesehen davon, daß Wieland viel las – er entdeckte, zu Xenophon und Horaz, Plutarch und Shaftesbury als neue Lieblingsautoren –, stellte er sich ganz in den Dienst seines Gastgebers. Fünfmal arbeitete er dessen Heldengedicht «Noah» durch und schrieb dann eine 220 Seiten lange *Abhandlung von den Schönheiten des epischen Gedichts Der Noah*[22], mit der er sich jedenfalls Kost, Logis und Belehrung redlich verdiente, auch wenn er seiner Kritikfähigkeit kein gutes Zeugnis ausstellte. Bei allen Beteuerungen, *daß ich von Schmeichelei so entfernt als von Unverschämtheit sei*, lobte er darin Bodmer über Milton hinaus, verglich ihn mit Homer und nahm ihn und seine Hexameter eifernd, fast geifernd gegenüber den Gottschedianern in Schutz. Er wurde so polemisch, wie er später nie in eigener Sache war, und verteidigte ein Werk, das er – bei seiner Belesenheit – eigentlich schon damals als hölzernes, uninspiriertes Kunstgewerbe einordnen mußte.

Wielands erste Schweizer Dichtung, neun *Briefe von Verstorbenen an hinterlassene Freunde*, ging auf ein englisches Vorbild zurück, auf Elizabeth Rowe, eine empfindsame Dichterin. In entzückten Monologen und Dialogen kleidete er weltliche Empfindsamkeit in fromme Verzückung und bekam für diese Vermischung von Religion und Poesie von den zeitgenössischen Kritikern wenig Lob. Danach verwies Bodmer seinen Schüler auf einen konkreten biblischen Stoff und ließ ihn daraus eine Hexameterdichtung machen, *Die Prüfung Abrahams*. Sie blieb *das einzige biblische Gedicht, welches der Verfasser zu verantworten hat, wiewohl ihm damahls noch verschiedene, die von dem sel. Bodmer in der Folge selbst reklamiert worden sind, vor die Thür gelegt wurden. Es wurde in dessen Hause, in eben dem Zimmer und an eben dem Tische verfertiget,*

Salomon Geßner (1730–88). Stich von Heinrich Pfenninger

woran Bodmer... arbeitete; und sehr wahrscheinlich würde es ohne diesen Umstand und aus selbsteigner Bewegung, nie von unserm Dichter unternommen worden seyn.[23]

Im Juni 1754 machte sich Wieland als Privatlehrer in Zürich selbständig, doch Bodmers Einfluß war an seinen Arbeiten weiter abzulesen: Die *Empfindungen eines Christen*[24] widmete er dem Berliner Oberkonsistorialrat Sack in einem Brief, der als Vorwort abgedruckt war, und darin denunzierte er den früher bewunderten Johann Peter Uz als *leichtsinnigen Witzling* und *Ungeziefer*[25] – weil Bodmer sich durch eine neue Ausgabe von Uzens «Lyrischen Gedichten» beleidigt fühlte. Daß Wieland darüber hinaus mit diesen schwärmerischen Gottesanrufungen das falsche Sujet gewählt hatte, erkannte Lessing: «Es können aufs höchste Empfindungen eines Christen sein; eines Christen nehmlich, der zu gleicher Zeit ein witziger Kopf ist, und zwar ein witziger Kopf, der seine Religion ungemein zu ehren glaubt, wenn er ihre Geheimnisse zu Gegen-

Johann Peter Uz (1720–96). Stahlstich von Nordheim

ständen des schönen Denkens macht... Sind Ausschweifungen der Einbildungskraft Empfindungen? Wo diese so geschäftig ist, da ist gewiß das Herz leer, kalt.»²⁶

Das mochte auf Wielands Herz damals zutreffen – Sophie hatte ihr Verlöbnis aufgekündigt und den kurmainzischen Rat Georg Michael Frank von La Roche geheiratet, und Wieland schwankte zwischen Schmerz, Resignation und dem Bewußtsein neuer Möglichkeiten. Sophie ist zu verstehen: Ihr Vater heiratete wieder und wollte die beiden ältesten Töchter aus dem Haus haben; sie suchte Zuflucht bei Wielands Mutter und traf dort auf kleinbürgerliche Vorbehalte: «Sie mag nicht ein Loch an dem Strumpf vernähen. Sie reißt es lieber zusammen und wirft es in einen Winkel! Wenn mein Sohn das Mensch zu seiner Frau bekommt, so ist er sein Lebtag ein armer Mann und Märtyrer... Sie läuft Mannspersonen nach.»²⁷ Abgesehen von diesen Schwierigkeiten war für Sophie, die Rokokodame, auch Wielands Wandlung zum Asketisch-Religiösen hin schwer verständlich, sie fühlte, daß der Umgang mit Bodmer ihr den Verlobten entfremdete, und zur ewigen Braut eines seraphischen Frömmlers fühlte sie sich wenig geeignet. Als der uneheliche Sohn und Sekretär von Graf Heinrich Friedrich von Stadion, dem Großhofmeister des Erzbischofs von Mainz, um sie anhielt, sagte sie ja zu dieser Vernunftehe. Sie schätzte La Roche wegen seiner Klugheit, wegen seiner Leistungen und weil ihn die Untergebenen liebten. Er führte sie in die höfische Gesellschaft ein und bot ihr so viel Freiraum, daß sie später erfolgreiche Romane – unter anderem die zweibändige «Geschichte des Fräuleins von Sternheim» – schreiben konnte. Ihre Tochter Maximiliane heiratete den Kaufmann Peter Anton Brentano, und Sophie wurde die Großmutter der romantischen Dichter Clemens und Bettina Brentano. Von der Zukunft her gesehen, handelte Sophie in der Gegenwart von 1753 weltklug.

Wieland war nach dem ersten Schock bereit, Liebe in Freundschaft zu wandeln: *Wenigstens kann bei mir diese ewige Freundschaft, die ich Ihnen so oft gelobte, dadurch nicht zeitlich werden, daß Sie mit einem braven Manne verheirathet sind; was hat Ihre Vermählung wider unsere Freundschaft, daß eine die andere aufheben sollte?*²⁸ Bei dieser Haltung blieb er, und fast lebenslang – Sophie starb sechs Jahre vor ihm – hat er sie bestätigt. Sein Frauenbild wurde von dieser ersten Liebe wesentlich geformt. *Ungeachtet meiner gerechten Rachsucht gegen gewisse Frauenzimmer-Charakter und gewiße Frauenzimmer-Gebrechen ist kein Mensch auf der Welt der die Damen mehr ehrt und liebt als Dero gehorsamster Diener Autor.*²⁹

Die Frauenfiguren in Wielands Werk bestätigen das. Sie sind schön, verführerisch, klug, emanzipiert – das heißt, mündige Menschen mit eigenem Willen, den sie zuweilen den Männern nicht aufzwingen, aber doch eingeben. Da war Wieland seiner Zeit voraus, und auch das Jahrhundert nach ihm hat ihn nicht gut verstanden: «Indem er... in seinen... Romanen fast alle Männer zunächst als Tugendhelden auftreten läßt, hat er sich eine Ungerechtigkeit gegen das weibliche Geschlecht und im Vergleich mit seinem eigenen Leben wahrscheinlich eine große Unwahrheit zu schulden kommen lassen.»[30] Gerade in seinem eigenen Leben erfuhr Wieland, daß die Tugendhaftigkeit nicht mehr ist als eine bürgerliche Konvention; wer sie durchschaut, ist nicht deshalb schon unmoralisch – er ist nur klüger. Der später so glückliche und treue Ehemann war als Junggeselle weniger Verführer als Opfer verführerischer Frauen, und daß er sich die Hochachtung vor ihnen bewahrte, spricht für seine Intelligenz.

Nach seinem Auszug bei Bodmer waren vor allem Frauen sein gesellschaftlicher Umgang. Den robusten Schweizern mag der schwärmerische Schwabe weniger gelegen haben, doch die Patrizierfrauen machten ihn gern zu ihrem Seelenfreund, und ihr Alter schien ihn vor Versuchungen zu schützen: *Die wenigen Damen, mit denen ich hier einigen Umgang habe, sind alle über 40 Jahre; keine davon ist jemals eine beauté gewesen; alle sind einer unverstellten Tugend wegen hochachtungswürdig... Ich bin in der That gewissermaßen der Großtürk unter ihnen.*[31] Die vierundvierzigjährige, gerade verwitwete Frau von Grebel-Lochmann erschien ihm allerdings mehr als nur hochachtungswürdig, mit ihr hätte sich eine Affäre ergeben können, doch die Züricher Wohlanständigkeit und der Altersunterschied standen dagegen.

Wieland unterrichtete seine vier, dann fünf Schüler in den Fächern philosophische Historie, politische und physikalische Geographie, Religion und schöne Wissenschaften, außerdem machte er sie mit antiken Autoren bekannt. Fünf Jahre lang war er Privatlehrer in Zürich, verdiente so seinen Lebensunterhalt, versuchte zugleich gesellschaftliche Kontakte zu pflegen und natürlich – zu schreiben. *Ich stehe also Montag Morgens um 7 Uhr ungefehr auf. Nach einer ganz besonderen Beschaffenheit meiner seltsamen Maschine habe ich wenn ich aus dem Bett komme, beynahe eine Stunde nöthig biß ich munter bin und mir selbst recht bewußt bin. Um 8 Uhr dejeunire ich, und lese insgemein etwas dazu. Von 9–11 bin ich praeceptor. Die Stunde von 11–12 geht ehe ich mirs versehe über ein paar kleinen Beschäftigungen oder vielmehr Zeitvertreiben hin. Biß nachmittags um 2 pflege ich nichts zu arbeiten. Biß um 4 bin ich wieder Orbilius... In der That liebe ich das Haus so sehr als eine Schnecke, aber es ist mir nicht erlaubt, meiner Neigung hierinn zu folgen, und wenn ich mich bemühe in jeder Woche einige Abende für mich zu behalten, so risquiere ich allemal dem einten oder anderen von meinen Freunden und Bekannten zu mißfallen. Es bleibet mir also in dieser WintersZeit keine Muße zu meinen Neben-Arbeiten als in jeder Woche ein paar Abende und die Stunden der Nacht die ich dem Schlaf zu entwenden pflege.*[32] Das schrieb er seinem ersten wirklichen Freund, dem Arzt und Dichter Johann Georg Zimmermann in Brugg, der ihn zur Beschäftigung mit der zeitgenössischen französischen Literatur anregte.

Zu den Nebenarbeiten gehörten die *Sympathien*, 1754 geschrieben, ein «merkwürdiges Erbauungsbuch»[33], in dem Wieland Personen seiner Bekanntschaft, hinter antiken Namen versteckt, Ratschläge und Ermunterungen erteilt, zur Tugend mahnt, vorbildliche Mütter lobt und zarte Seelen tröstet – sie lesen sich heute wie die antiquierten Kolumnen eines hochgebildeten Briefkastenonkels. Der erste Ansatz zum Roman läßt sich in *Araspes und Panthea* erkennen, einer *moralischen Geschichte* nach der «Kyropädie» des Xenophon. Das auf weite Strecken monologisierende Prosagespräch, eine Mischung aus Erzählung und Monolog, blieb unvollendet, weil Wieland zwischendurch an dem Hexameter-Epos *Cyrus* arbeitete. Noch Bodmer hatte das Heldengedicht auf den Perserkönig angeregt, und ein Jahr lang feilte Wieland an den fünf Gesängen, die er von den geplanten achtzehn vollendete. *Sie können sich nicht vorstellen, wie viel Mühe mir der Stile und die Versification bei meinem Cyrus machen.*[34] Er verband mit dem Werk eine Huldigung an Friedrich den Großen, und die Nachwelt hat es sehr gerühmt.[35] Doch unter seinen Zeitgenossen, vor allem den Fürsten, fand Wieland damit nicht den erhofften Beifall, auch wenn er selbst registrierte: *Cyrus gefällt hier allen wakern Leuten ohne Ausnahme und wird stark gekauft.*[36]

Als Wieland knapp 40 Jahre später seine Arbeiten für die Gesamtausgabe letzter Hand ordnete, die in vier Ausstattungsvarianten von 1794 bis 1811 bei Göschen in Leipzig erschien, zog er die Grenze zwischen den Schriften seiner Jugend und den Werken der Reife bei *Cyrus* und *Araspes*: Alles, was älter war als diese beiden, sollte in den Supplementen stehen und dort das Tasten und Üben eines werdenden Schriftstellers dokumentieren. *Lady Johanna Gray*, ein Trauerspiel in fünf Aufzügen, hatte er vor *Cyrus* begonnen und danach vollendet, dennoch ist ihr Platz in den Supplementen. Weil dieses Stück das erste deutsche Drama im Blankvers war, dem reimlosen, jambischen fünfhebigen Vers Shakespeares, später bevorzugtes Metrum der Klassiker, hat es Literaturgeschichte gemacht. *Die Tragödie ist dem edlen Endzweck gewidmet, das Große, Schöne und Heroische der Tugend auf die rührendste Art darzustellen*[37], und das gefiel wohl dem Publikum bei der Uraufführung durch die Ackermannsche Truppe in Winterthur, doch heutige Leser brauchen viel Langmut bei der Lektüre der larmoyanten und hysterischen Dialoge: *O hilf mir weinen! Weine, gute Sidney! O! misch in meine und in Englands Thränen die Deinigen...*[38] Als Quelle für das Märtyrerschicksal einer protestantischen Königin, die durch Maria I. die Katholische hingerichtet wird, nannte der Autor in späteren Ausgaben Gilbert Burnets Geschichte der englischen Reformation. Lessing behauptete, Wieland verdanke «den ganzen Plan» dem nicht erwähnten Nicholas Rowe, und höhnte, die meisten Charaktere seien «moralisch gut; was bekümmert sich ein Dichter, wie Herr Wieland, darum, ob sie poetisch böse sind?... Sie sind alle in einer Form gegossen; in der idealischen Form der Vollkommenheit, die

Gotthold Ephraim Lessing (1729–81). Gemälde von
Johann Heinrich Tischbein d. Ä., 1760

der Dichter mit aus den ätherischen Gegenden gebracht hat.»[39] Lessing, Pastorensohn wie Wieland, verfolgte den Werdegang des um vier Jahre jüngeren von Beginn an und war in Tadel und späterem Lob sein genauester und vom Zeitgeist unabhängigster Kritiker.

Sein letztes Schweizer Jahr verbrachte Wieland als Privatlehrer in Bern. Er unterrichtete zunächst die Söhne des Landvogts Friedrich von Sinner, aber: *Die Knäblein Sinner sind so unwissend, ungeschikt, kindisch und ungelehrig, daß ich nie aufhören kan mich und meine verlohrne Zeit zu bedauren.*[40] Auch der Arbeitgeber war nicht zufrieden, und nach zwei Monaten zog Wieland aus und suchte sich mehrere Schüler, die zu ihm kamen. Dabei schmiedete er allerhand Pläne: Eine Wochenschrift philosophischen Inhalts wollte er herausgeben, vielleicht einen Verlag gründen und darin seine Lieblingsautoren veröffentlichen, möglicherweise doch nach Basel gehen, wo ihm der Ratsschreiber und Schriftsteller Isaak Iselin eine Stelle besorgen konnte – vor allem träumte er von *einer freyen und sorglosen retraite für die Zukunft*[41].

In Bern lebte Wieland recht gesellig, auch junge Mädchen gehörten zu seinem engeren Freundeskreis, bald aber stand nur noch eine für ihn im Mittelpunkt: die hochgebildete, kluge Diakonstochter Julie Bondeli, später Briefpartnerin von Jean-Jacques Rousseau. Zuerst fand er sie gräßlich: *Das ist ein schreckliches Mädchen, diese Mademoiselle Bondeli. Sie redete mir in Einem Zuge von Platon und Plinius, Cicero und Leibnitz, Pfaff, Aristoteles und Locke, von rechtwinklichten, gleichschenkligen Dreiecken und was weiß ich sonst; sie redete von Allem... Es gibt kein Mädchen im Oberlande, das ich dieser gelehrten Bondeli nicht vorziehen würde.*[42] Doch neben der Quasselwut hatte sie eben auch *Geist, Kenntnisse, Lektüre, Philosophie*[43], und wen hätte sie damit mehr beeindrucken können als Wieland – vor allem, nachdem sie es nicht mehr so

Julie von Bondeli
(1731–78).
Pastell eines
unbekannten Malers

krampfhaft darauf anlegte. Schon bald verehrte er die Geistreiche: *Sie ist nicht schön und hat wenig Gesundheit... ich würde das Glük an dem Ort zu leben, wo Jgfr. B. lebt dem Glük der Könige vorziehen.*[44] Und schließlich war er fasziniert – und verlobte sich mit ihr: *Ich liebe Julie und mich dünkt die äusserliche Schönheit ausgenommen, vereinige sie alle schönen und guten Qualitäten in sich, die ich an meinen übrigen Freundinnen vertheilt bewundert habe.*[45]

Es war wieder eine platonische Verlobung, die nicht zur Ehe führte; aber in Wielands Werk hinterließ die prüde, intellektuelle, unansehnliche Emanzipierte ihre Spuren: Unter ihrem Einfluß schrieb er die Prosa-Tragödie *Clementina von Porretta* (aufgenommen in die Supplemente!), die Dramatisierung einer Episode aus Samuel Richardsons Briefroman «Charles Grandison». Es geht darin um die Liebe der katholischen Italienerin Clementina und des protestantischen Engländers Grandison, die nach Überwindung aller Widerstände durch Clementinas religiöse Schwärmerei scheitert – ein «Nebenwerk ohne besonderen künstlerischen Anspruch»[46], immerhin damals ein Bühnenerfolg in der Schweiz. Wichtiger ist, daß Wieland durch Julie die Prüden als Zielscheibe seiner lasziven Versgeschichten in der folgenden Biberacher Zeit und als neuen Frauentyp überhaupt entdeckte, daß er den häßlichen Mädchen mit der geistigen Schönheit im *Neuen Amadis* ein Denkmal setzte[47] und daß er dank Julie wußte, wie emanzipierte Frauen ihre Lage sahen: *Die Männer... haben aus einer angemaßten Macht-Vollkommenheit, für welche sie nicht den mindesten Titel aufweisen können, die ungerechteste Theilung mit uns gemacht, die sich denken läßt. Nicht zufrieden, uns von allen andern wichtigen Geschäften auszuschließen, haben sie sich sogar der Gesetzgebung einseitig bemächtiget, sie gänzlich zu ihrem eignen Vortheil eingerichtet, uns hingegen tyrannischer Weise genöthiget, Gesetzen zu gehorchen, zu denen wir unsre Einwilligung nicht gegeben haben, und die uns beynahe aller Rechte vernünftiger und frey gebornen Wesen berauben. Nachdem sie alles gethan was nur immer zu thun war, um uns des bloßen Gedankens einer Empörung gegen ihre unrechtmäßige Herrschaft unfähig zu machen, sind sie unedelmüthig genug, unsrer Schwäche, die ihr Werk ist, noch zu spotten; nennen uns das schwächere Geschlecht; behandeln uns als ein solches; fordern zum Preis alles Unrechts, das wir von ihnen leiden, unsre Liebe...und bestrafen uns gleichwohl dafür, wenn wir sie glücklich machen.*[48]

Als Wieland Ende April 1760 einstimmig zum Senator seiner Heimatstadt Biberach gewählt wurde – ein Ruf, dem er sich aus Rücksicht auf die Eltern nicht entziehen konnte, den er im Hinblick auf die ungesicherte Zukunft auch nicht ausschlagen wollte –, war er noch kein Autor, den die Nachwelt lieben kann. Doch er hatte Irrtümer begangen und revidiert, Erfahrungen gesammelt und registriert, die für den späteren Dichter unverzichtbar waren.

Fruchtbar in der Barbarei

Nach eigenem Zeugnis war Wieland in seinen neun Biberacher Beamtenjahren vorwiegend unglücklich. Aber in dieser Zeit machte er sich von seinen weltanschaulichen und literarischen Lehrern endgültig frei, fand neue Vorbilder, kam schreibend zu sich selbst und entwickelte trotz aller Verpflichtungen und Verstrickungen eine ungeheure dichterische Produktivität, in der einige seiner wichtigsten Werke entstanden.

Die Freie Reichsstadt war damals arm: Von den rund 3200 Einwohnern galten neun Zehntel als besitzlos, nur 851 Bürgerfamilien wurden besteuert. *Wo... So wenig unter so viele getheilt werden soll, muß nothwendig ewige Eyfersucht, Mißgunst und Begierlichkeit einander zuvor zu lauffen, entstehen. Wer ein Mittel wüßte, jährlich nur 20/m f. mehr Geld als itzt in Biberach roulieren zu machen, hätte das kräftigste Mittel gefunden die Moral der Biberacher zu verbessern.*[49]

Auch der Grundsatz der konfessionellen Parität gab Anlaß zu Rivalitäten und Intrigen: Katholische und evangelische Hexenverbrennungen gehörten inzwischen der Vergangenheit an, doch Büchsenmacher wie Apotheker waren noch konfessionell getrennt, und in der Verwaltung wurde jeder wichtige Posten doppelt besetzt. *Ich müste etliche Bogen anfüllen, um Ihnen aus unsrer paritätischen und auf die im 5. Capiteln 2. Instrumenti Pacis Westphalicae gemachten dispositionen gegründeten Verfaßung begreiflich zu machen, wie der Catholische rath bey uns sich in des Evangelischen Mit-Raths-Antheils, und dieser in jenen seine Geschäfte sich einmischen und wie viele und langwierige Chicanen man einander machen kan.*[50]

Auch ihm wurden Schikanen gemacht: Wieland, am 24. Juli 1760 zum evangelischen Kanzleiverwalter gewählt, hatte sein Pendant im katholischen Ratsadvokaten, und aus dem hergebrachten Alternationsrecht konnte man die Bedingung ableiten, daß der Kanzleiverwalter entweder den juristischen Doktortitel haben oder von Adel sein müsse. Das verlangten nun die Katholiken von Wieland, weil die evangelischen Ratsherren dem katholischen Ratsadvokaten die Gleichstellung im Gehalt verweigerten. Der Streit führte zu einem Prozeß, der die evangelische Partei das Vierzigfache der umstrittenen jährlichen Gehaltsdifferenz kostete, und endete erst vier Jahre später durch eine Entscheidung der Wiener

Die alte Kanzlei in Biberach. Bleistiftzeichnung von Christian Glöckler, um 1876

Reichsverwaltung – einen Vergleich. Aber bis kurz davor bekam Wieland sein Gehalt nicht ausbezahlt und mußte von Darlehen leben.

Als Beamter war er eifrig, fast ehrgeizig, nahm Akten mit nach Hause, verfaßte Schriftsätze und brachte sie zuweilen als sein eigener Kopist in die angemessene kalligraphische Form. Die politischen Erfahrungen deprimierten ihn: *Der beständige Anblick unsrer Zerrüttung, unsrer schlimmen Oeconomie, unsrer verfallnen Policey, der gäntzlichen Unachtsamkeit womit man den Verfall der Stadt ansieht, des Unverstands unsrer Regenten, der Zügellosigkeit des Volks, der Verachtung der Gesetze, der willkührlichen Art zu gouverniren... – dieser beständige Blick in einen Abgrund von moralischem und politischem Verderben auf der einen Seite, und auf der andern, der gäntzliche Mangel an Freunden, die Beraubung eines angenehmen Umgangs, der Ruhe und Stille des Gemüths, der Freyheit, des Umgangs mit den Musen... die Nothwendigkeit mein bessres Selbst zu verbergen – ... die Helfte von allen diesen desagre-*

mens wäre genug ein Individuum von meiner Art elend zu machen, wenn ich nicht Gegenmittel in mir Selbst fände.[51]

Zu den Gegenmitteln gehörte die Übersetzung von 22 Shakespeare-Dramen. Wieland war nun auch Leiter der Evangelischen Komödiantengesellschaft, und für diese Laienspielgruppe übertrug er zunächst «The Tempest». Das Stück wurde im Herbst 1761 unter dem Titel *Der erstaunliche Schiffbruch* im Theatersaal in der städtischen «Schlachtmetzg» aufgeführt und brachte einen Kassenüberschuß. Der Erfolg ermunterte Wieland, die Arbeit zunächst als *Delassement und Zerstreuungs-Mittel*[52] weiterzuführen; doch bald klagte er dem Verleger: *Ich habe... zwar eine ziemliche Vorstellung von den Schwierigkeiten gehabt, aber in der That mir nicht den zehnten Theil der Mühe vorgestellt, die ich nunmehr erfahre. Ich glaube nicht daß irgend eine Art von gelehrter Arbeit der GaleerenSclaven-Arbeit ähnlicher sey als diese.*[53]

Seine Arbeitsvoraussetzungen erscheinen nach heutigen Maßstäben abenteuerlich: Der sprachbegabte Wieland hatte sich Englisch in Zürich mit Hilfe von Lektüre, Wörterbuch und einer Grammatik selbst beigebracht, er kannte sich im literarischen, aber nicht im idiomatischen Sprachgebrauch aus und besaß als Hilfsmittel nur Abel Boyers «Dictionnaire Royal, françois-anglois et anglois-françois» und eine kleine Zusammenstellung Shakespearescher Redewendungen. Zudem war seine Textvor-

Sitzordnung im Rat der Stadt Biberach, 18. Jahrhundert

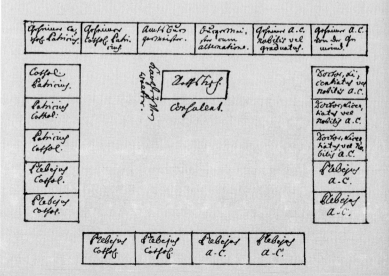

Von Wieland geführtes Ratsprotokoll vom Freitag, dem 23. Mai 1766

lage[54] von zweifelhaftem Wert. In sechs Jahren hatte Wieland – neben anderen literarischen Arbeiten – dieses Mammut-Unternehmen beendet.

Ich schaudre selbst, wenn ich zurücksehe und daran dencke, daß ich den Shakespear zu übersetzen gewaget habe. Wenige können sich die Mühe, die Anstrengung, die oft zur Verzweifflung und zu manchem Fluch (der doch die Pferde nicht besser ziehen macht) treibende Schwierigkeiten dieser Arbeit vorstellen. Ich sehe die Unvollkommenheit dessen was ich gethan habe; aber ich weiß es, daß Richter von eben soviel Billigkeit als Einsicht mit mir zufrieden sind. Genug, diese Herculische Arbeit ist nun gethan, und, bey allen Göttinnen des Parnasses! ich würde sie gewiß nicht anfangen, wann sie erst gethan werden sollte... Ich hoffe, das Publicum soll nun mit mir zufrieden seyn; denn von Lessingen und seinen Freunden hab ich doch weder Gnade noch Gerechtigkeit zu erwarten.[55]

Aber gerade Lessing war gerecht: «Wir haben eine Uebersetzung von Shakespear... Das Unternehmen war schwer; ein jeder anderer, als Herr Wieland, würde in der Eil noch öfter verstoßen, und aus Unwissenheit oder Bequemlichkeit noch mehr überhüpft haben; aber was er gut gemacht hat, wird schwerlich jemand besser machen... Wir haben an den Schönheiten, die es uns liefert, noch lange zu lernen, ehe uns die Flecken, mit welchen es sie liefert, so beleidigen, daß wir nothwendig eine bessere Uebersetzung haben müßten.»[56] Auch Goethe rühmte gleich mehrfach «des geistvollen Wielands» Prosa-Übersetzung[57] (nur «Ein St. Johannis Nachts-Traum» ist in Blankversen), machte sich aber über die häufig nörgelnden Anmerkungen lustig: «Wär er klug und... könnte... die Noten zum Shakespeare mit Blut abkaufen, er würde es thun. So stellt er sich dar und bekennt: da hab ich nichts gefühlt.»[58] Gerade die Fußnoten aber sehen heutige Kritiker ganz anders: Entweder als gedankenlose Übernahme der älteren englischen Shakespeare-Kritik[59] oder als «Spiel mit dem Leser» und Schutz vor der Züricher Zensur.[60] Für die Deutschen klingt zwar seit dem 19. Jahrhundert allgemein Shakespeare so, wie August Wilhelm Schlegel und Ludwig Tieck ihn übersetzt haben, doch: «Der schüchterne Chor derer, die den Wieland'schen Text nicht nur als mißratenes, gar illegitimes Kind der Übersetzungsliteratur betrachten, sondern als eigenständiges sprachliches Kunstwerk der Vorklassik, hat sich in den letzten Jahren beachtlich verstärkt.»[61] Rolf Vollmann griff für seinen Lexikonroman «Shakespeares Arche» bei der Übersetzung der Shakespeare-Zitate auf Wieland zurück, «weil er trotz seiner Mängel, die hauptsächlich im Weglassen bestehen, sehr viel häufiger beeindruckend klug ist»[62].

Absurd erscheint heute eine Kritik wie die der «Berliner Kunstrichter» von 1766: «Von Rechts wegen solte man einen Mann, wie Shakespear, gar nicht übersetzt haben. Ohne Kenntniß der englischen Sprache, der englischen Sitten, des englischen Humors, kann man an dem größten Theil seiner Werke wenig Geschmack finden; wer also das obige versteht, wird

Titelblatt von «Shakespear. Theatralische Werke.
Aus dem Englischen übersezt von Herrn Wieland».
Radierung von Salomon Geßner, 1762

diesen trefflichen Schriftsteller englisch lesen, und wer es nicht versteht, solte ihn billig gar nicht lesen... Wir können übrigens nicht verheelen, daß es uns an vielen Stellen scheint, als wenn Herr W. seinen Autor nicht genug studirt hat; seine Schreibart ist außerdem sehr unbiegsam und voller Provincialwörter, so daß seine Übersetzung... selten angenehm zu lesen ist.»[63] Wieviel die deutsche Umgangssprache Wielands Shakespeare zu verdanken hat, förderte der finnische Germanist Kyösti Itkonen für seine Habilitationsschrift 1971 zutage – zum Beispiel die

Fremdwörter «Clown», «Peer» und «Spleen», den Begriff «Steckenpferd» oder die Komposita «Abschiednehmen», «honigtriefend», «Kriegserklärung», «kummerbeladen», «Liebeswut», «Milchmädchen» und «Schafsgesicht».[64] Schließlich noch eine Kuriosität: Die erste ungarische Shakespeare-Ausgabe enthielt das Drama «Richard II.» in einer Fassung, für die Wielands Übersetzung die Vorlage war.[65]

Der Kanzleidirektor nahm an Senatssitzungen teil, war mit Akten und mit Shakespeare beschäftigt, betrieb die Publikation seiner früher entstandenen *Poetischen Schriften*, korrespondierte mit der Verlobten Julie in der Schweiz und der Ex-Verlobten Sophie, die inzwischen mit Familie an den Hof des Grafen Stadion im nahen Warthausen gezogen war, verlobte sich im Frühjahr 1762 erneut mit einem Fräulein Behringer, einer Pfarrers-Schwägerin, die ihm die Eltern ausgesucht hatten[66] (mit Verlobungen nahm er es offenbar nicht genau), und arbeitete zugleich an einem Manuskript, in dem er schreiben wollte, was er nicht leben konnte: *Dem*

Albrecht von Haller (1708–77). Kupferätzung von Johann Jakob Haid nach einer Zeichnung von Johann Rudolf Studer

allen ungeachtet habe ich vor etlichen Monathen einen Roman angefangen, welchen ich die Geschichte des Agathon nennen. Ich schildre darin mich selbst, wie ich in den Umständen Agathons gewesen zu seyn mir einbilde, und mache ihn am Ende so glücklich als ich zu seyn wünschte.[67]

Das war nun eine Hauptsache! *Agathon ist das erste Buch, das ich für die Welt schreibe; alles vorige war nur für mich und etliche gute Freunde oder Freundinnen geschrieben.*[68] Aus allen Mitteilungen Wielands über dieses Projekt ist ein neuer begeisterter, fast triumphierender Ton herauszuhören, ein heiteres Selbstbewußtsein, das merkwürdig von den üblichen Klagen absticht und seinen Grund haben mußte: *Es wundert Sie billig, daß ich in den unbegreiflich tollen und alle Geduld ermüdenden Umständen des 1761 u:62 Jahrs den Agathon schreiben konnte. Verwundern Sie sich weniger oder mehr, wenn ich Ihnen sage, daß es eine kleine Sängerin war, die dieses Wunder würkte? ... Meine kleine Philomele ist das einzige Mädchen in der Welt, das mir nichts als Gutes gethan hat. Ohne sie würd' ich tausendmal unter der Last der Verzweiflung erlegen oder in Anstößen von Trübsinn, Unmuth und Wildheit auf verderbliche Extremitäten gefallen seyn.*[69]

Die kleine Sängerin war Christine Hogel, Bibi genannt, Tochter einer streng katholischen Bürgerfamilie. Wieland sah sie zum erstenmal im November 1761 bei einem Konzert des Biberacher Cäcilienvereins, war vom Solo der Chorsängerin entzückt und tanzte mit ihr beim anschließenden Ball. Die Beziehung scheint nur langsam gewachsen zu sein; Bibi wurde von den Eltern als Zofe zu einer benachbarten Herrschaft gegeben, Wieland machte zwischendurch Sophies älterer Schwester Cateau den Hof, die mit dem Bürgermeister von Hillern verheiratet war. Doch im Dezember 1762 nahm er Bibi in seinem Haus auf, nach Ansicht der Eltern sollte sie wohl eine Art Haushälterin sein und nebenbei gebildet und gefördert werden. Zehn Monate war sie unter seinem Dach[70], und Wieland erlebte *die leidenschaftlichste und unbedingteste*[71] Liebe seines Lebens – statt entsagungsvoller Seelen- und Geistesfreundschaft ein sinnliches, herzliches Mit- und Beieinander, das ihm Kraft zum Leben und zum Schreiben gab. Der evangelische Pfarrerssohn und Beamte wollte die Katholikin heiraten. Zunächst erwog er eine heimliche katholische Trauung – sie hätte ihn sein Amt gekostet. Eine evangelische Hochzeit lehnten ihre Eltern ab. Bibi, inzwischen schwanger, wurde zu den Englischen Fräulein nach Augsburg und danach ins Kloster Rot gebracht, wo ihr Bruder als Mönch lebte. Wieland suchte in seitenlangen Briefen bei Sophie La Roche Rat und bekam ausführliche Antworten, doch Sophie schrieb auch amüsiert ihrer Schwester Cateau und Julie Bondeli in Bern von Wielands Sorgen, und man kann sich denken, daß am Hof von Warthausen gespöttelt und gelacht wurde über die verliebte Eselei des Dichters, der eine nicht standesgemäße Verbindung auch noch legitimieren wollte.

Die Liebenden machten noch ein paar abenteuerliche Versuche, einander zu sehen, dann konnte Wieland Bibi nur noch mit Geld unterstützen. Sie brachte ihr Kind bei Ulm zur Welt und kehrte, als die kleine Cäcilie einige Monate später starb, nach Biberach zurück. Wieland, von seinen drei Freundinnen Sophie, Julie und Cateau beraten, ging ihr aus dem Weg, suchte Zerstreuung am Rokoko-Musenhof des Reichsgrafen Heinrich Friedrich von Stadion und litt weiter an Biberach: *Einsam in einem Hause, dessen weite Gemächer von Niemand bewohnt sind, als von mir selbst, einem dummen Thier von einer Magd, etlichen alten magern Ratzen, und einem Gespenst, das, der uralten Observanz gemäß, alle Nacht um Zwölf Uhr unsichtbar auf einer geheimen Treppe vom Rathause in die Canzley herabsteigt und sich eine Stunde lang amüsirt, die alten Protocolle zu durchblättern... Sogar die Musen sind, vielleicht auf ewig, von mir geflohen, ach! von diesem untröstlichen Augenblick an, da ich durch einen Fluch, den mir die Götter verzeyhen wollen, meine Zeit, meine Schreibfinger und meine armen Musculos clutaeos dem Dienst der Stadt Biberach verpfändet habe.*[72]

In der glücklichen Zeit mit Bibi hatte Wieland den ersten Teil des *Agathon* geschrieben, 1763 war er fertig, doch die Zensurbehörde in Zürich verweigerte Orell, Geßner und Füßli die Druckerlaubnis.[73] Der Band kam dann Ende März 1766 anonym heraus, als Druckort gab der Schweizer Verlag Frankfurt und Leipzig an; im Jahr darauf erschien der zweite Teil. Den dritten legte Wieland erst in der veränderten, um die *Geheime Geschichte der Danae* erweiterten Ausgabe von 1773 vor, und für die Ausgabe letzter Hand 1794 korrigierte er diese Fassung erneut und fügte den Dialog zwischen Agathon und Archytas hinzu, eine ethisch-philosophische Abrundung, die bei heutiger Lektüre eher langweilig wirkt. «Nicht nur für den historischen, sondern auch für den rein künstlerischen Betrachter ist der erste Agathon reizvoller, denn er ist im Stil einheitlicher und überhaupt als Dichtung wahrer.»[74]

Die erste Fassung, das Fragment, ist jedenfalls das gültige Zeugnis für Wielands Absichten und für sein künstlerisches Vermögen in der Biberacher Zeit. Vor dem Hintergrund der griechischen Antike wird – in erzählenden Abschnitten, langen Dialogen, mit direkter Ansprache des Lesers und Anspielungen auf die Gegenwart bei kunstvollen Zeitsprüngen und Verschachtelungen der Chronologie – die Geschichte des Helden aufgerollt: Agathon, in Delphi erzogen, aus seiner Vaterstadt Athen verbannt, begegnet auf abenteuerlichen Wegen in Thrakien, Smyrna, Syrakus und Tarent Frauen, Herrschern und Philosophen, die ihn zu beeinflussen suchen und ihn in einen Konflikt zwischen platonischem Idealismus und sinnlich-materialistischer Diesseitigkeit bringen. Der Sophist Hippias, Vertreter einer hedonistischen Erfolgsethik, der vergnügungssüchtige Dionysius und der weise Archytas wollen seine Lehrer sein; um die Gunst des Helden werben die junge Psyche, die reife Oberpriesterin Pythia und die schöne, gebildete Hetäre Danae, mit der Agathon höchstes Glück

Titelblatt der «Allgemeinen deutschen Bibliothek», herausgegeben von Friedrich Nicolai

erlebt, bis er von ihrer Vergangenheit erfährt. Enttäuscht verläßt er sie – es bleibt, in dieser ersten Fassung, offen, ob sie einander wieder begegnen, auch Agathons Suche nach dem eigenen Standpunkt ist noch nicht abgeschlossen. Die meisten zeitgenössischen Kritiker beschränkten sich darauf, die literarischen Einflüsse (von den antiken Autoren bis zu Henry Fieldings «Tom Jones», Laurence Sternes «Tristram Shandy», zu Claude-Prosper Crébillons und Pierre Marivaux' Romanen) im *Agathon* zu orten und sich über Wielands Stil auszulassen, wenn sie nicht Ratlosigkeit eingestanden: «Was uns... am anstößigsten vorgekommen ist, sind eine Menge unbestimmter Stellen, welche den Leser in der großen Ungewißheit lassen, ob der Verfasser an die Tugend glaubt oder nicht.»[75]

Wieland wurde *so abscheulich gelobt, und so dumm getadelt*[76], daß er sich in einem Zweizeiler Luft machte und dabei gleich eine neue Redensart prägte:

> *Die Herren dieser Art blend oft zu vieles Licht,*
> *Sie sehn den Wald vor lauter Bäumen nicht.*[77]

Lessing gehörte wieder zu den Ausnahmen. «Agathon... ist das Werk von dem ich... sagen will, wie sehr ich es bewundere... Es ist der erste und einzige Roman für den denkenden Kopf, von klassischem Geschmacke.»[78] Der Roman war im Deutschland des 18. Jahrhunderts eine triviale Gattung. Friedrich von Blanckenburg erkannte, daß durch den *Agathon* eine neue Bewertung des Genres nötig war und setzte es an die Stelle des antiken Epos. Auf ihn geht die Einstufung des Werks als Bildungsroman zurück: «Wenn wir den Agathon untersuchen: so findet es sich so gleich, daß der Punkt, unter welchem alle Begebenheiten desselben vereinigt sind, kein andrer ist, als das ganze jetzige moralische Seyn des Agathon, seine jetzige Denkungsart und Sitten, die durch all' diese Begebenheiten gebildet, gleichsam das Resultat, die Wirkung desselben sind, so daß diese Schrift ein vollkommen dichterisches Ganzes, eine Kette von Ursach und Wirkung ausmacht.»[79] Auch Friedrich Sengle[80] und Friedrich Beißner[81] sahen darin den Bildungs- und Entwicklungsroman, den Vorläufer von Goethes «Wilhelm Meister», aber die Interpretationen sind inzwischen weitergegangen: «Mit Wieland begann die deutsche Entwicklung des psychologischen Romans: nicht nur soweit, als der ‹geheimen› Natur und Geschichte eines Menschen das Erzählinteresse gilt, auch nicht nur, weil die Psychologie der Gesellschaft und einer historischen Umwelt zum Erzählthema wird. Vielmehr auch darin, daß der Formtypus des Romans von der Psychologie bestimmt wird. Ein sich subjektiv bekennender Erzähler erzählt von der Subjektivität seines Helden gegenüber einem Leser, der wiederum als subjektiver Zuhörer ernst genommen wird.»[82] Aus literaturpsychologischer Sicht[83] erschließt sich der *Agathon* als moderner Roman mit mehr in die Parabel verschobenen autobiographischen Zügen als jene, die der unbefangene Leser mit einiger Kenntnis von Wielands Leben sofort erkennt: etwa die Entsprechungen Psyche – Sophie, Danae – Bibi oder die Parallele von Agathons Flucht aus Delphi nach Athen und Wielands Rückkehr aus der Schweiz nach Biberach.

Noch während Wieland am *Agathon* (und der Shakespeare-Übersetzung) arbeitete, beschäftigte ihn eine heitere Variation des großen Themas: *Vor ein paar Monathen, kam ich an einem Regentag auf den Einfall,*

Titelblatt von «Der Sieg der Natur über die Schwärmerey, oder die Abentheuer des Don Sylvio von Rosalva», 1764

einen kleinen Roman zu schreiben, worin Kluge und Narren viel zu lachen fänden, und der mich selbst amüsierte, ohne mich im mindesten anzustrengen... Es ist eine Art von satyr. Roman, der unter dem Schein der Frivolität philosophisch genug ist, und wie ich mir einbilde, keiner Art von Lesern die austere ausgenommen, Langeweile machen soll.[84] So kündigte er seinem

Verleger den komischen Roman *Der Sieg der Natur über die Schwärmerey, oder die Abentheuer des Don Sylvio von Rosalva* an, in dem es wieder, diesmal aber spielerisch und hintergründig zugleich, um die prägenden Erfahrungen eines jungen Mannes und ihre Verarbeitung geht. Der Held nimmt die Feenmärchen, mit denen er aufgewachsen ist, so wörtlich wie Don Quijote seine Ritterbücher und jagt einer Märchenprinzessin nach, die sich schließlich als reale junge Frau erweist – wenn auch, noch ein geistreicher Scherz, als Enkelin des berühmten Romanhelden Gil Blas von Santillana[85]. Entscheidend für Don Sylvios Rückkehr in die Wirklichkeit ist die eingebettete *Geschichte des Prinzen Biribinker*, eine reizende Groteske über einen, der in der Umkehrung zu Don Sylvio ein Milchmädchen liebt und nach amourösen Abenteuern mit vier Feen an eine Märchenprinzessin in der magischen Welt gebunden bleibt. Ob *Die Abenteuer des Don Sylvio* nun «ein allererster Versuch in der Gattung des Entwicklungsromans»[86] sind oder «ein erstes Bekenntnis... nunmehr emanzipierter freiheitlich-skeptischer Grundhaltung»[87], erscheint fast unwichtig gegenüber dem ironischen Witz, der Fabulierpracht und dem Charme des Romans, der selbst die kluge Spröde in Bern «von ganzem Herzen zu lachen gemacht»[88] hat. Daß Wieland mit Lust daran schrieb, beweist jedes einzelne Kapitel. Doch er wollte auch Geld damit verdienen – für Bibi: *Ich muß von itzt an biß nächster Ostern wenigstens 40 biß 50 Louis haben oder ich bin unwiederbringl. verlohren. Ohne diesen harten Umstand würde ich nimmermehr ein Buch geschrieben haben, wie Don Sylvio ist... Ich wollte ein Buch machen, das für die Meisten wäre, und wovor mir ein jeder Buchhändler... gerne eine beträchtliche Summe baar bezahlen würde.*[89] Wer daraus eine Distanzierung des Autors von seinem Werk liest, muß bedenken, daß Wieland seine Briefe häufig im Hinblick auf den Empfänger stilisierte: Hier ging es ihm um ein höheres Honorar. Weil Geßner das nicht bezahlen wollte, wurde das Manuskript im Dezember 1763 in Ulm für den Verleger Albrecht Friedrich Bartholomäi gedruckt[90], der Autor blieb anonym, doch die zeitgenössische Kritik erriet ihn rasch: «Man kann nicht leugnen, daß Hr. Wieland vielen Witz in diese abentheurliche Geschichte verschwendet habe... Er hat sich aber von seinen empyreischen Höhen weit heruntergelaßen, und manchen ganz in die körperlichen Begierden einfallenden Stellungen einen Platz gegönnt.»[91]

Dieser Vorwurf, der sich bis zum «Wollüstling» steigerte, wurde nun häufiger erhoben. Er begleitete auch die *Comischen Erzählungen*, drei gereimte pointierte Scherze um Flirt und Verführung mit dem Personal der Antike. Für Wieland waren die spritzigen Rokoko-Dichtungen ein Ausgleich für harte schriftstellerische Arbeit und langweilige Dienstgeschäfte. *Nehmen Sie Sich in Acht, mein liebenswürdigster Freund, ihr Lob... wird den Taumel der poetischen Wuth womit ich wirklich für einen Reichs-Städtischen Stadtschreiber schon zu sehr behaftet bin, auf einen sol-*

Schloß Warthausen von Süden. Federzeichnung von Johann Heinrich Tischbein d. Ä., 1781

chen Grad treiben, daß ich zulezt sogar meine Protocolle und die schönen Sächelchen, die sich mit Nachdem und Welchergestalten anfangen, in verdoppelten Reimen concipiren werde.[92] Die melodischen Verse mit dem pikanten Inhalt waren zugleich gut aufgenommene Gastgeschenke in Warthausen. *... die Aurora... hat sogar meinen alten ehrwürdigen Protektor, den Grafen von Stadion, von seinem wohl hergebrachten Vorurtheile wider die deutsche Poesie bekehrt, er wunderte sich gar zu sehr, daß man das alles in deutscher Sprache sagen könne.*[93]

Alles sagte Wieland nun wieder nicht. Die Erzählung *Diana und Endymion*, in der die spröde Diana von der Schönheit des schlafenden Hirten Endymion betört wird, findet ihre Pointe in einem Schluß, der sowohl das Genre wie Wielands listigen Umgang damit charakterisiert:

> *Wie wird dann, satt von Küssen,*
> *Diana sich zu helfen wissen?*
> *Sie that, (so sagt ein Faun, der sie beschlichen hat)*
> *Was Platons Penia im Göttergarten that.*
> *Was that denn die? – wird hier ein Neuling fragen?*
> *Sie legte – Ja doch! Nur gemach!*
> *Schlagt euern Plato selber nach;*
> *Es läßt sich nur auf Griechisch sagen.*[94]

Im Schloß Warthausen[95] kann man noch heute das Zimmer besichtigen, in dem Wieland bei seinen Besuchen übernachtet haben soll. Zum Schreiben bevorzugte er einen Raum im Wasserturm etwas abseits vom massigen Hauptgebäude. Im Stadion-Salon mit dem Porträt des damaligen Hausherrn von Johann Heinrich Tischbein d. Ä., mehr noch im Park und in der Lindenallee mit ihren beschnittenen Bäumen ist etwas von der Atmosphäre zu spüren, die Wieland vor über zweihundert Jahren hier so genoß: *Gärten und Parkanlagen im englischen Stil machen dieses Haus für einen Menschen wie mich zu einer Köstlichkeit... Es gibt kein schlichteres und zugleich angenehmeres Leben als das, was man hier führt. Der Tag ist gewöhnlich geteilt zwischen der Lektüre, der Konversation, den Freuden der Tafel, dem Spaziergang und schließt mit einem Konzert von Jomeli, Graun und ähnlichen Komponisten.*[96]

Der Hausherr Heinrich Friedrich Reichsgraf von Stadion, einer der bedeutenden Politiker seiner Zeit, hatte im Konflikt zwischen Voltaire

Heinrich Friedrich Reichsgraf von Stadion. Ölgemälde von Johann Heinrich Tischbein d. Ä.

und Friedrich dem Großen auf Bitten des Franzosen vermittelt, als Bahnbrecher der Aufklärung hatte er das Territorium des Erzbischofs und Kurfürsten von Mainz in einen modernen Staat umgewandelt und war schließlich wegen seiner Kirchenpolitik gestürzt worden – er versuchte den Einfluß der Orden einzudämmen und strebte die Unabhängigkeit der deutschen Kirche von Rom an. Der Umgang mit einem so weltklugen, umfassend gebildeten und souveränen Mann war für den ehemaligen Bodmer-Schüler auf jeden Fall bereichernd, auch wenn Wieland seinen Voltaire und Shaftesbury bereits gelesen hatte, bevor er Zugang zur gräflichen Bibliothek bekam. *Julius Cäsar* fiel ihm ein, wenn er seinen Gönner beschrieb: *Stellen Sie sich einen Greis von einer Gestalt und einem Gesichtsausdruck vor, von denen Shakespeare sagt*

that Nature might stand up
and say this is a Man

Zwei Töchter Stadions: Maria Anna, verh. Reichsgräfin Schall von Bell (oben), und Maximiliane, seit 1775 Fürstäbtissin von Buchau (links). Pastelle von Johann Heinrich Tischbein d. Ä.

und der mit 72 Jahren das Feuer eines Franzosen von 50 besitzt, verbunden mit der Einfachheit, der Denkungsart und dem Benehmen eines englischen Edelmannes, einen Staatsmann, einen Liebhaber der Literatur und der Künste, so angenehm im Gespräch, wie man es nur sein kann, und Sie haben einen Begriff vom Charakter des Hausherrn.[97] Zum Hof des Grafen gehörten neben der Familie La Roche seine Tochter Gräfin Schall, ein Arzt und ein Kaplan. Häufiger Gast war die jüngste Stadion-Tochter Maximiliane, Kanonisse im nahen Stift Buchau. Diese Gesellschaft mit ihrem verwöhnten Kunstverstand reizte Wieland dazu, sich als Virtuose seines Metiers zu präsentieren, und dazu bot die Lyrik die schönsten Möglichkeiten.

Die *Comischen Erzählungen*, 1765 anonym erschienen, lösten bei den Kritikern moralische Bedenken aus, doch auch sprachliche Mängel wurden gerügt: «Wenn Juno zum Jupiter sagt:

>Dir schmecken nur verstohlne Wasser süße,
>Und deiner Dirnen geile Bisse,

Georg Michael Frank von La Roche (1720–88).
Pastell eines unbekannten Künstlers

so wird das letztere Bild doppelt unerträglich, weil man außer der niedrigsten Vorstellung auch diese kriegt, daß sie nur um des vorhergehenden süße willen unsre Phantasey beleidige...»[98] Wieland litt unter solchen Rezensionen – und lernte daraus: *Ich übersende Ihrer Societät mit ehester Gelegenheit die... zu machenden Veränderungen. Sie werden daraus sehen, daß ich etliche hundert Verse theils der Critik, theils dem Moralischen Sinn aufgeopfert habe.*[99] Inzwischen beschäftigte ihn – neben *Agathon* und der Shakespeare-Übersetzung – längst eine neue Versdichtung. *Musarion... ist gewissermassen eine neue Art von Gedichten, welche zwischen dem Lehrgedicht, der Komödie und der Erzählung das Mittel hält, oder von allen dreyen etwas hat.*[100] Das schmale Werk in drei Büchern, gegliedert wie eine Komödie, angesiedelt in einer antikischen Kunstlandschaft, spiegelt erneut die Wandlung von Wielands Geschmack und Lebensphilosophie als Folge eigener Erfahrungen und unter dem Einfluß der urbanen, heiteren Atmosphäre von Warthausen.

Die Titelheldin von *Musarion oder die Philosophie der Grazien* ist eine geistreiche Schöne, die von dem Griechen Phanias geliebt wird und ihn auch wiederlieben würde, wäre er nicht so wirr und schwärmerisch:

> *... mein eignes Herz*
> *Kam in Gefahr dabey; es wurde mir verdächtig;*
> *Denn Schwärmerey steckt wie der Schnuppen an:*
> *Man fühlt ich weiß nicht was, und eh' man wehren kann*
> *Ist unser Kopf des Herzens nicht mehr mächtig.*[101]

Sie wendet sich daraufhin vorübergehend einem jungen Fant zu, und Phanias, nun zu Askese und Meditation über das Wesen der Vernunft entschlossen, zieht sich mit seinen Freunden Theophron, dem Pythagoräer, und Kleanth, dem Stoiker, aufs Land zurück. Dort sucht Musarion mit ihrer Zofe Chloe das weiberfeindliche Philosophentrio auf. Die Weltprobleme werden diskutiert, dann veranstaltet die Schöne ein feuchtfröhliches Fest, bei dem nach einer Prügelei der Stoiker dem Wein erliegt und der Pythagoräer Trost in den Armen der Zofe findet. Phanias versöhnt sich mit Musarion und entdeckt eine neue, weniger theoretische Weisheit:

> *Auch lernt' er gern, und schnell, und sonder Müh,*
> *Die reitzende Filosofie,*
> *Die, was Natur und Schicksal uns gewährt,*
> *Vergnügt genießt, und gern den Rest entbehrt.*[102]

Als Goethe 1812 das siebte Buch von «Dichtung und Wahrheit» schrieb, erinnerte er sich noch, wann und wo er vor 44 Jahren zum erstenmal den Text von *Musarion* gesehen hatte und welch großen Eindruck er ihm mit seiner Anmut gemacht hatte. Die Kunstrichter, wie die Kritiker damals auch nach ihrem Selbstverständnis genannt wurden, waren ebenfalls entzückt: «Ein kleines niedliches Ganze, wo ... ein simpler, wohlausgeführter Plan, eine Philosophie, die sich auf die Kenntniß des menschlichen Herzens gründet, und sonst eben die lachenden Bilder, die Munterkeit der Einfälle, und das Fließende und Ungezwungene in dem Versbaue befindlich sind.»[103] Zwar gab es wieder moralische Bedenken: «Die Bestimmung des Menschen ist doch wohl nicht, für sich, und für den Augenblick zu sorgen, daß er in Wollust hinfließe. Er hat Verhältnisse gegen die Zukunft und gegen die Gesellschaft, die das angenehme Leben des Phanias nicht erfüllt.»[104] Aber das Lob überwog: «Wenige Gedichte in unsrer Sprache haben dieses Ansehen der Vollendung und der letzten Hand, welches Musarion hat. Wenige vereinigen so viel Sinn und Wahrheit mit so viel, und so reinem Schmucke... allenthalben eine Nahrung für den denkenden Kopf, für den Grübler, für den Leser von Geschmack, für den feinen Epikuräer, und sogar für den Wollüstling ... Und alles dieses bey einer Geschichte, die an und für sich wenig interessant ist; wenig Begebenheiten hat, ohne Verwickelung und ohne künstliche Auflösung ist.»[105]

Nun ist «interessant» keine ästhetische Kategorie, und gedankliche Begebenheiten, geistige Verwicklungen und eine «künstliche», nach heutigem Sprachgebrauch «kunstvolle» Auflösung des Konflikts durch Musarions so überzeugende Verführung zur Daseinsfreude lassen sich in der Verserzählung leicht finden. Doch daß der zeitgenössische Rezensent die großen dramatischen Bögen, die geschickt aufgebaute Spannung, die überraschende Pointe vermißte, ist nachzuvollziehen. Das alles war Wielands Sache nicht. Er inszenierte ein Spiel um die ernste Frage nach dem Glück, antwortete mit Vernunft und ließ darüber seine Verse so blühen, daß es heiter war und Freude auslöste. Sein Kunstverstand führte Regie, und er vergaß nie, daß Poesie, das so schillernd interpretierte Wort, schlicht das Machen, das Verfertigen heißt. Die griechische Kulisse war nicht mehr als das – ein Verfremdungseffekt, der dem gebildeten Leser seiner Zeit eine gewisse Stimmungslage suggerierte. Man braucht kein Lexikon der Antike, um *Musarion* zu lesen und bestätigt zu finden, daß es «den Wert einer Rarität besitzt und einen Geist verkörpert, den wir im Bereich der deutschen Sprache, des Volks, das über allem schwer wird, um des lieben Friedens willen öfter anzutreffen wünschen»[106].

Im gleichen Geist arbeitete Wieland an *Idris*, einem Verswerk, zu dem ihn die Beschäftigung mit dem italienischen Dichter Ariosto angeregt hatte: *Ich amüsire mich schon Jahr und Tage an einer weitläufigen und, si diis placet, gewiß seltsamen Composition in einer Art von Stanzen oder was die Italiäner ottave rime nennen; eine Art von Versification, deren Schwierigkeit einen jeden andern, als einen vesanium poetam, einen von der Wuth zu reimen besessenen Menschen, abschrecken sollte. Gleichwohl habe ich von mehr als 1200 Strophen, die das Ganze ausmachen werden, schon den vierten Theil zu stande gebracht... Es sind ganz hübsche Sächelchen in diesen Strophen.*[107] Wer sie laut liest, hört den Rhythmus über dem Metrum tanzen und wird von ihm durch die Abenteuer des verliebten Helden Idris getragen, die in ungeheurer Fabulierlust aufeinander folgen, immer dem Motto getreu:

Ergetzen ist der Musen erste Pflicht,
Doch spielend geben sie den besten Unterricht[108]

Lauter Märchen werden erzählt, Geschichten von Zauberei, Verwandlung und Erlösung, gewürzt mit erotischem Witz und den leicht zynischen Pointen eines Kommentators von Welt. Nach dem fünften Gesang verspürte Wieland *weder Lust noch Laune*, den *Idris* zu vollenden[109], das Werk erschien 1768 als Fragment, und in der Vorrede versprach der Autor die Vervollständigung dann, wenn sich *drey Kunstrichter und drey Prüden mit einander einverstehen sollten, in einer namenthlich unterzeichneten Bittschrift mich um die Ergänzung desselben zu ersuchen.*

Um die Einlösung dieses Versprechens bat zwei Jahre später ausgerechnet der Berliner Verleger und Kritiker Friedrich Nicolai, der mit beckmesserischen Rezensionen in seiner «Allgemeinen deutschen Bibliothek» Wieland so oft verärgert hatte und sich bei dieser Gelegenheit auch für die erste Besprechung der Shakespeare-Übersetzung entschuldigte. «Der erste Kunstrichter bin ich selbst... Der Zweite ist Moses Mendelssohn... und der dritte ist Ramler... Was die Prüden anbetrifft, so kann ich Ihnen vor der Hand nur die Gattin des Hrn. Moses Mendelssohn und die meinige nennen. Wofern Sie die dritte nicht etwa selbst finfen müssen um eine Prüde zu suchen.»[110] Wieland reagierte sehr zurückhaltend und kühl auf diesen kollegialen Annäherungsversuch[111] und bot den drei Kunstrichtern später den *Neuen Amadis* als Ersatz für die Vollendung des *Idris* an, der Fragment bleiben müsse[112] – und es auch blieb.

Während der Dichter immer virtuoser mit den Formen spielte und seine eigene Stimme fand, gab es in Wielands Leben einschneidende Veränderungen. Ob der Tod seines einzigen Bruders, des neunundzwanzigjährigen Kupferstechers Thomas Adam Wieland, dazugehörte, läßt sich schwer beurteilen. Was Wieland dem Schweizer Freund Zimmermann darüber schrieb, ist die Selbstdarstellung eines Neurotikers: *Vor einigen Tagen ist mein Bruder gestorben... Sein unvermutheter Hingang alterirte mich sehr. An dem Tag, da er begraben werden sollte, erwachte ich an einem starken Kopfweh. Ich habe vorher in meinem Leben nie Kopfweh gehabt. Es daurte einige Stunden, und däuchte mich sehr stark. Die Alteration nahm zu, ich erwartete eine hitzige Krankheit... Man jammert um mich her; ich stehe auf, befühle alle Augenblicke meinen Puls und zähle an der Uhr ab daß er 76 biß 80 schläge in einer Minute thut. Ich lasse einen artigen jungen Wundarzt... kommen... er urtheilt daß ich alterirt sey, und daß es verträglich sey, mir 3 biß 4 Unzen Blut abzuzapfen. Also den Fuß ins Wasser, und so weiter. Ich blieb also vom Leichenbegängnis dispensirt... Es wurde Lerm in der Stadt. Man hoffte zu Gott, daß mein Vater seinen noch übrigen einzigen Sohn auch verliehren werde. Aber es wurde nichts daraus; ich hielt mich so gut daß ich den folgenden Tag wieder lustig und guter Dinge war.*[113]

Eine Zäsur bedeutete jedenfalls seine Heirat mit der Augsburger Kaufmannstochter Anna Dorothea von Hillenbrand – keine Philosophin, keine Emanzipierte, keine kunstsinnige Kluge wie die bisherigen Verlobten (von Bibi abgesehen) oder wie die Frauen, die er sich schreibend erfand. Eltern und Freunde hatten sie ihm ausgesucht, und von Brief zu Brief beschrieb er sie liebevoller: *Ich habe ein Weib genommen, oder eigentlich zu reden, ein Weibchen, denn es ist ein kleines, wiewohl in meinen Augen ganz artiges und liebenswürdiges Geschöpf...*[114] Das war gleich nach der Hochzeit. Acht Monate später hatte er entdeckt, *daß ich glücklich genug gewesen bin, vielleicht die Einzige in der Welt zu bekommen,*

Wielands Frau, Anna Dorothea Wieland, geb. von Hillenbrand.
Geschnittene Silhouette aus Friedrich Nicolais Besitz

welche in allen Stücken dazu taugte, meine Frau (notès, que je ne dis pas, ma Maitresse) zu seyn. Ich habe sie so herzlich lieb als jemals ein ehrlicher Mann sein Weib lieb gehabt hat – Sie macht mich in der That glücklich, ob sie gleich kein idealisches Mädchen ist.[115] Und als sie ihm schon dreizehn Kinder geboren hatte (vierzehn waren es dann insgesamt, neun blieben über die Kindheit hinaus am Leben), machte er ihr eine der schönsten Liebeserklärungen, die es von einem Ehemann gibt: *Die zwey und zwanzig Jahre, die ich nun mit ihr lebe, sind vorbeygekommen, ohne daß ich nur ein einziges Mahl gewünscht hätte, nicht verheyrathet zu seyn; im Gegentheil ist sie und ihre Existenz mit der meinigen so verwebt, daß ich nicht acht Tage von ihr entfernt seyn kann, ohne etwas dem Schweizer-Heimweh ähnliches zu erfahren... Schwerlich ist jemahls ein Mensch für den Genuß reiner häuslicher Glückseligkeit mehr gemacht und derselben mehr theil-*

haftig geworden, als der Mann, der dieß schreibt.[116] Sicher hatte es Dorothea nicht immer leicht mit dem reizbaren, arbeitssüchtigen Mann, Schiller war einer von denen, die es bezeugen: «Niemand als Wielands Frau, die alle Ungewitter abwartet, kann in seiner Atmosphäre dauren.»[117] Doch sie machte ihn zu einem treuen Partner, der zu Hause Sicherheit und Frieden fand. Fast alle Besucher lobten Wielands Familiensinn, und die Emphase, mit der er in vielen Briefen von seinen Kindern, ihren Krankheiten, ihren Fortschritten erzählte, spricht für einen ungewöhnlich aufmerksamen und hingebungsvollen Vater.

Durch Wielands Heirat lockerten sich die Beziehungen zu Warthausen, und vorübergehend brachen sie ganz ab wegen eines Verwaltungsstreits zwischen der Freien Reichsstadt und dem Grafen Stadion. Wieland vertrat die Biberacher Sache, sein Kontrahent war der bisherige Freund La Roche, und die beiden trugen brieflich den Händel aus, der immer heftiger und zugleich aufs komischste bürokratisch wurde. Daß der Graf Wieland noch im September 1765 das kleine Palatinat verliehen hatte – eine Urkunde, deren Inhaber Notare ernennen, uneheliche Kinder legitimieren, bürgerliche Wappen ausstellen und andere kaiserliche Reservatrechte ausüben durfte[118] – nutzte nun nichts: La Roche kündigte dem Kanzleidirektor die Sicherheit auf Warthausener Gebiet. Erst durch Sophies diplomatisches Geschick kam es schließlich zur Versöhnung. Als Graf Stadion 1768 starb, stand Wieland bei der Leichenfeier neben den La Roches, nicht bei der offiziellen Biberacher Delegation.

Inzwischen war er nicht mehr auf den Turm im Schloßpark von Warthausen angewiesen, wenn er mit Blick ins Grüne schreiben wollte. Spätestens Ende 1766 hatte er das Obergeschoß eines zweistöckigen Häuschens[119] nahe der Stadt gemietet, das in einem etwa 1500 Quadratmeter großen Garten lag und eine weite Aussicht in das damals noch unbebaute Rißtal bot: *Ich sehe Mühlen, Dörfer, einzelne Höfe; ein langes, angenehmes Tal, das sich mit einem zwischen Bäumen hervorragenden Dorfe mit einem schönen, schneeweißen Kirchturm endet, und über demselben eine Reihe ferner blauer Berge... Das alles macht eine Aussicht, über der ich alles, was mir unangenehm sein kann, vergesse, und mit diesem Prospekt vor mir sitze ich an einem kleinen Tische und – reime.*[120]

Dieser Brief war an Friedrich Justus Riedel gerichtet, Philosoph und Professor in Erfurt, Verfasser einer «Theorie der Schönen Künste und Wissenschaften», der Anfang 1768 den Biberacher um einen schriftlichen Gedankenaustausch gebeten hatte.[121] Wieland war über diese neue Korrespondenz ebenso erfreut wie über die mit Christian Friedrich Daniel Schubart, damals Lehrer und Organist in Geislingen, den er an die Riß holen wollte – es wurde nichts daraus – und über den Briefwechsel mit Johann Ludwig Wilhelm Gleim, Dichter und Kanonikus in Halberstadt. Jeder Brief war dem Isolierten willkommen in *der Barbarey... in der ich lebe... diesem Exilio von den Musen und ihren Freunden*[122]. Biberach,

Wielands Gartenhaus in Biberach. Aquarellierte Federzeichnung, 1816

die Klage blieb sich gleich, <u>war *schlechterdings der Ort nicht wo ich bleiben kan, und je bälder ich aus diesem Anti-Parnaß erlöst würde, je besser wär's für mich*</u> [123].
Andere Dichter waren von Gönnern gefördert worden, von reichen Männern, von Fürsten oder der Kirche: Horaz hatte seinen Maecenas, Diderot wurde durch Katharina von Rußland unterstützt, Geßner durch die Königin von England, Rabelais war wie Gleim Kanonikus, Swift Dechant – Wieland träumte von etwas Entsprechendem. Vielleicht machten seine Shakespeare-Übersetzungen ihn dem englischen Hof angenehm, vielleicht gab die Zarin ihm eine Pension, vielleicht bot sich eine Professorenstelle an einem Gymnasium in Berlin, Breslau oder Gotha? Er spielte mit solchen Hoffnungen, unternahm aber wenig, um sie zu verwirklichen.

Im Mai 1768 wurde sein Freund Zimmermann zum Leibarzt am englischen Hof in Hannover ernannt, und das scheint ihn angeregt zu haben, den eigenen Orts- und Stellenwechsel energischer zu betreiben: Ende Juni fragte Wieland bei Riedel an, ob er nicht Professor in Erfurt werden könne.[124] Der Ästhetiker Riedel, ein Jahr zuvor mit 25 Jahren an die dortige Universität berufen und Berater in Personalangelegenheiten, hatte ihm bereits einen neuen Verlag vermittelt – Weidmanns Erben und Reich in Leipzig, wo 1768 *Musarion* und *Idris und Zenide* erschienen. Die

Universität unterstand dem kurfürstlichen Hof in Mainz, und dort genoß Wieland dank der langjährigen Warthausener Verbindung ein gutes Ansehen. Der kurmainzische Großhofmeister Friedrich von Groschlag wollte die Erfurter Universität reformieren, ein erfolgreicher Dichter konnte ihm nur willkommen sein. Ob Riedel nun viel dazu beitrug oder nicht [125] – am 2. Januar 1769 wurde der Biberacher Kanzleidirektor von Kurfürst Emmerich Joseph «in mildester Rucksicht deßen HöchstIhro angerühmten gründlichen Gelehrsamkeit und sonstigen vortrefflichen Eigenschaften» zum Philosophieprofessor und Regierungsrat an der Universität Erfurt ernannt mit einem jährlichen Gehalt von «Fünffhundert Reichsthaler an Geld, nebst Zwey Malter Korn, Zwey Malter Gerst und Vier Clafter Holtz» [126].

Wieland zauderte und fand allerhand Vorwände, doch nicht nach Erfurt zu gehen: Seine erste Tochter war geboren, ein Umzug würde beschwerlich sein, die alten Eltern brauchten ihn, außerdem bezweifelte er seine formale Qualifikation: *Um Professor der Philosophie zu seyn, muß man Magister seyn, und um Magister zu seyn, muß man examiniert werden und disputiren. Ich bin zu alt, mich examiniren zu lassen, und ich hasse nichts so sehr, als akademische Disputationen.* [127] Aber Riedel zerstreute diese Bedenken, und als ihm der Kurfürst dann noch 100 Taler mehr bot, reichte der Kanzleidirektor sein Entlassungsgesuch ein. Ende Mai reiste Wieland mit Frau und Kind, mit dem Zögling Fritz von La Roche, einem Famulus und einer schwäbischen Köchin [128] sowie allen Möbeln über Coburg nach Erfurt. In die Freie Reichsstadt Biberach ist er nie mehr zurückgekehrt.

Der Dichter als Lehrer am unrechten Ort

Noch bevor Wieland in Erfurt eintraf, hatte er vorstellbare Erwartungen gedämpft: *Mein äußerliches Aussehen verspricht wenig oder gar nichts – und wer nicht von mir praeokkupirt, ist sehr erstaunt, nach und nach zu finden, daß mehr hinter mir steckt, als man mir a prima vista zutrauet.*[129]

Wer im fernen Thüringen den Autor nur aus seinen Werken kannte, aus *Agathon*, aus *Idris und Zenide*, aus den *Comischen Erzählungen*, der mochte, weil man die Dichter immer in ihren Helden sucht, einen ansehnlichen Mann erwarten. Schließlich war Agathon *von wunderbarer Schönheit*[130], Idris sah ohne Rüstung aus, *als ob er Amor wäre*[131], und allein der Anblick des schlafenden Endymion hatte die stolze Diana bezaubert. Der Erfinder dieser männlichen Idealgestalten[132] aber war klein, schmächtig und pockennarbig, er hatte eine lange Nase, kurzsichtige Augen und Spindelbeine. Doch welche schöne Seele steckt schon in der Hülle, die ihr zukommen sollte? Wieland wußte immerhin, was bei ihm dahintersteckte, und so war seine Selbstbeschreibung zu je einem Drittel ehrlich, kokett und selbstbewußt. Er hat sie, in anderen Worten, häufig wiederholt.[133] Auch wenn er in seinen Briefen von anderen vermeintlichen Schwächen sprach, von Zweifeln am eigenen Können, von allerhand Empfindlichkeiten, bekannte und verzieh er sich zugleich: *Sehr oft weiß ich selbst nicht ob ich ein guter oder ein elender Scribent bin. Glücklicher Gottsched! Du warst immer mit dir selbst zufrieden.*[134] So wie Gottsched konnte er nicht sein – schließlich war er besser. Und die kleinen Neurosen mußte man einem Mann wie ihm nachsehen: *Niemand... hängt mehr von Barometer und Thermometer und Hygrometer, von Hitze und Frost, von Wind und Wetter, Sonnen und Mondschein und tausend andern Zufälligen Dingen ab als Ihr humoristischer Wieland.*[135]

Dieser genaue Selbstbeobachter mit seinen Erfahrungen aus der Züricher und Berner Hauslehrerzeit machte sich kaum Illusionen über die persönliche Befriedigung, die ihm das Dasein eines Hochschullehrers geben konnte. Für begabte, wissensdurstige Studenten wäre der belesene, geistreiche Wieland sicher ein idealer Mentor gewesen, aber für sie hatte Erfurt damals wenig Anziehungskraft. Die Universität, nach der Kölner die älteste des Reichs und zu Beginn des 16. Jahrhunderts ein Mittelpunkt

Titelblatt zu
«Die Grazien»,
mit dem Bildnis Wielands
im Medaillon, von
Adam Friedrich Oeser,
1770,
gestochen von
Christian Gottlieb Geyser

des deutschen Humanismus, war zunächst von Wittenberg in den Schatten gestellt worden, dann hatte sie gegenüber Halle an der Saale oder Göttingen (wo Albrecht von Haller und Georg Christoph Lichtenberg lehrten) weiter an Bedeutung verloren. Konservative Katholiken, angeführt von dem Mediziner Nunn und dem Augustinerpater Simon Jordan (später ein Vorbild für den Oberpriester Stilpon im 5. Buch der *Abderiten*), hatten sie zu einem erstarrten, langweiligen Lehrinstitut gemacht.

Wieland klagte bald über seine Studenten: *Was für Leute, was für Köpfe, welche Sitten, welche Rohheit, Geist-, Herz- und Geschmacklosigkeit! – Zu Menschen soll ich sie bilden helfen diese Leute!... Was für ein Thaumaturge müßte ich sein.*[136]

Ein pädagogischer Wundertäter aber war Wieland nicht, auch wenn sein Ruf als Dichter zumindest neue Studentenquantitäten anzog: «Die Zahl der Studierenden vermehrte sich beträchtlich, als der berühmte... Martin Wieland in Erfurt eintrat... Wieland las öffentlich über Iselins Geschichte der Menschheit, und sein Hörsaal konnte kaum die Zuhörer fassen, die ihm zuströmten.»[137] Wielands Erfurter Kollege Karl Friedrich Bahrdt, ebenfalls als Reformer berufen, ein umstrittener Aufklärungstheologe, aber offenbar kein schlechter Beobachter, urteilte kritischer: «Herr Wieland war ohnstreitig die wichtigste Akquisition für Erfurt, wenn man auf die eigentliche Größe des Mannes Rücksicht nimmt. Aber wenn man den großen Mann von dem akademischen Docenten abstrahirt und die Akquisition darnach mißt, wie viel der Mann auf dem Katheder leisten konnte; so stand der erste Dichter der Nation am unrechten Orte, und diente der Universität blos zum Staate.»[138]

Der Dienst auf dem Katheder hielt sich in Grenzen: Im Wintersemester 1769 zum Beispiel hielt Wieland an vier Tagen in der Woche jeweils zweistündige Vorlesungen. Weil man den akademischen Begriff der Philosophie damals sehr weit faßte, hatten darin auch die Lustspiele des Aristophanes, die allgemeine Theorie der Künste, die Geschichte der Philosophie und Wielands Lieblingsautoren unter den griechischen, lateinischen, italienischen, französischen und englischen Schriftstellern Platz. Zur Lehrtätigkeit kamen Verwaltungs- und Reformaufgaben. Wieland und Riedel wurden durch ein kurfürstliches Dekret zu Beisitzern der Universitätskommission und zu außerordentlichen Mitgliedern des akademischen Senats ernannt, Nunn und Jordan entlassen. Die Majorität der Konservativen aber blieb und rächte sich mit den beiden Abgesetzten durch Intrigen und Verleumdungen.

Wieland selbst hat später am klarsten beschrieben, warum die Pläne zur geistigen Umgestaltung der Universität (sie wurde 1816 geschlossen) scheiterten: *Der Wille des Kurfürsten... war durchaus edel und löblich; aber in der Ausführung wurde manches versehen. Hier wäre es nöthig gewesen, manche veraltete fehlerhafte Einrichtung abzustellen, die alten unthätigen und unbrauchbaren Lehrer anderweitig zu versorgen und ihre Stellen durch bessere zu ersetzen... Von allem diesen geschah zu wenig. Man ließ alles dieses alte, fehlerhafte bestehen, und begnügte sich, etwas neues, selbst noch sehr unvollkommenes, daneben zu stellen. Die meisten neu angestellten Lehrer waren zwar in ihren Fächern geschickte und thätige Leute, aber fast allen fehlte es an der gehörigen Kenntnis des Universitätslebens und der Erfurtischen Verfassung, und dies verursachte manchen Anstoß... Das Interesse der Wissenschaften wurde kleinlichen Privatabsich-*

ten und Ränken aufgeopfert und die Folge war, wie immer, wenn ein Reich unter sich selbst uneins ist, – es wird wüste. Ich weiß wohl, daß die hohen Behörden zu mir die Erwartung hegten, ich solle den Frieden wiederherstellen; aber weder die in mir selbst innewohnende Kraft, noch die mir von außen beigelegte Autorität war dazu hinreichend; es hielt schwer genug, mich selbst in jenen Kämpfen parteilos und in den gewaltigen Stürmen aufrecht zu halten.[139]

Wie unprofessoral der Philosphieprofessor die Philosophie begriff, ist im *Sokrates Mainómenos*, dem *aberwitzig gewordenen Sokrates* nachzulesen, den Wieland in den ersten Erfurter Monaten schrieb, unter dem Titel *Sokrates Mainómenos oder Die Dialogen des Diogenes* von Reich verlegen ließ und 1795 für eine neue Ausgabe in *Nachlaß des Diogenes von Sinope* umbenannte. Das wunderbar entspannte Buch entstand aus einer Laune, *welche mit der Yorickschen*[140] *etwas Aehnliches hat, ohne Nachahmung zu seyn*[141].

Diogenes, der bedürfnislose und unabhängige Philosoph, schreibt Selbstgespräche, Beobachtungen, Anekdoten, Erzählungen und Dialoge an die Innenwände seiner Tonne. Er erinnert sich *des süßen Traums meiner Jugend*[142], des dreijährigen Glücks mit der Hetärentochter Glycerion in der Einsamkeit, was den Leser an Bibi Hogel erinnert, gibt Ratschläge, übt Gesellschaftskritik, will die Torheiten der Reichen und Gedankenlosen korrigieren und bleibt bei aller intellektuellen Eigenständigkeit menschlich engagiert. In der Satire vom Mann im Mond verulkt er die Gelehrten, die über das, wovon sie nichts wissen, die entschiedensten Ansichten haben, und schließlich denkt er sich eine lebenswerte Inselrepublik aus, deren Bevölkerung durch das Zusammentreffen von hunderttausend hübschen Mädchen und hunderttausend jungen Burschen entsteht. Bei einem späteren Frauenüberschuß fällt ihm die lockere Ausdehnung von Zweier- auf Dreierbeziehungen ein, und das alles in eleganter Prosa und Bildern von heiterer Gelassenheit. In Ernst und Witz findet man auf diesen Seiten Wielands schönste Talente vereinigt.

Die Zeitgenossen hatten ihre Freude daran. *In hiesigen Landen wird... Diogenes von allen Seiten, Orten und Enden her entgegen gejauchzet.*[143] Der Verleger meldete: «Unßer Diogenes hat auch in Wien ein Glück gehabt, das ich nicht vermuthete: ein oesterr. Cavalier, mein Freund, sandte ihn Bogen weiß an den Graf Kaunitz, man lase ihn mit Begierde, und nun hat er gar die erlaubniß erhalten dort öffentlich zu erscheinen.»[144] Und eine seiner wohl typischen Leserinnen, die gebildete Gräfin von Wartensleben, Frau des niederländischen Gesandten bei den rheinischen Geistlichen Staaten, vertraute nach viel Lob dem Autor an, «daß ich, seit dem ich Ihre Werke preise und Ihre Grundsätze verfechte, mancher Achtung verloren habe und oft lispelnd sagen höre. ‹Die ehrbare Frau denkt wie Wieland. Sie gestehet, daß wir solche Weiber sind, wie er sie schildert.›»[145] Damit konnte eine Rokokodame von Welt leben.

Friedrich Heinrich Jacobi (1743–1819). Stich von Ernst Ehelott

Nach dem ersten Erfolg wurde das Buch rasch vergessen. Wielands Gedächtnis funktionierte bis ins Alter: *Dieser Diogenes ist eines meiner besten Produkte. Ich weiß nicht, ob ich ein besseres in Prosa geliefert habe.*[146] Heutige Literaturwissenschaftler geben ihm recht, sie würdigen seinen Diogenes als sozialkritischen Denker und gesellschaftlichen Aufklärer.[147] Wielands kritisch anteilnehmender Biograph Sengle sah ihn umfassender: «Es gibt nur wenige Werke Wielands, die man nicht entbehren könnte, aber mir will scheinen, daß der ‹Nachlaß des Diogenes von Sinope› zu ihnen gehört.»[148]

Wieland stieß bei der Lektüre der *Diogenes*-Rezensionen zwischen hohem Lob erneut auf den ständig wiederholten Vorwurf, er sei ein Nachahmer: «Was ist Herr Wieland nicht alles gewesen! Bald Shaftesbury, bald Plato, bald Milton, Young, Rowe, Richardson; nun Crebillon, dann Hamilton, ein andermal Fielding, Cervantes, Helvetius, Yorik, beyläufig auch wol so etwas von Rousseau, Montaigne, Voltaire... Wie sehr Hr. Wieland... eigne Talente besitze, davon braucht man keinen andern Beweis, als daß sein Diogenes, alle der niederschlagenden Ingredienzen ungeachtet... ein so angenehmer und interessanter Schwätzer ist.»[149] Hier spricht der Zeitgeist vernehmlich durch einen jener gebildeten Rezensenten, die belesen genug waren, Quellen zu erkennen. Er verlangte etwas Neues, Überraschendes – und bekam es wenig später mit dem Sturm und Drang, mit Goethe, Schiller und der Weimarer Klassik. Aber das Neue ist relativ: noch später wird es der Rückgriff auf die alten Muster sein, dem eine weniger belesene Generation applaudiert, weil sie das virtuose Spiel mit dem Erbe bewundert.

Wieland hatte genug gelesen, um zu wissen, daß alles schon einmal dagewesen war. *Man sollte doch finden und erfinden unterscheiden. Was ist überhaupt der Stoff unserer Gedichte? Fast Alles läßt sich bis auf die entfernteste Periode des Menschengeschlechts zurückführen. Woher nah-*

Johann Georg Jacobi
(1740–1814).
Stich von F. Müller
nach einer Zeichnung
von Joseph Zoll

men die Mauren den Stoff der contes und fabliaux, woraus die Provencalpoesie und später die romantische Epopoe der Italiener hervorging? Haben nicht Shakspeare und Milton fast allen Stoff entlehnt? Woher nahm Homer seinen Stoff? Es müssen einmal in Asien Menschen gelebt haben, deren Ereignisse die ersten Keime der Fabel geworden sind. Nebenbei mögen auch Träume Stoff für Wachende geworden sein. Ich habe selbst einige Träume der Art gehabt. Aber die Bearbeitung des Stoffs ist die wahre Erfindung. So habe ich den Agathon, die Musarion, den Idris erfunden.[150]

Wie im *Diogenes* beschäftigte sich Wieland auch in den *Beyträgen zur Geheimen Geschichte des menschlichen Verstandes und Herzens* auf unkonventionelle Art mit Themen, die ihm seine Professur nahelegte: In zwei Satiren am Anfang und am Ende und in drei Essays dazwischen (1777 fügte er einen vierten *Über die vorgebliche Abnahme des menschlichen Geschlechts* hinzu) setzte er sich mit dem frühen Rousseau und dessen Verherrlichung des nicht zivilisierten Menschen auseinander. Er kritisierte den Kulturphilosophen fabulierend, übertreibend, plaudernd, er mißverstand ihn und setzte doch sehr klarsichtig der Naturschwärmerei ein Lob des Fortschritts der Vernunft entgegen – alles in allem keine philosophische Abhandlung, eher eine besondere Form des geisteswissenschaftlichen Feuilletons, die den Nachgeborenen amüsanter und in vielem treffender erscheinen mag als der damaligen literarischen Umwelt. Der Leipziger Kreissteuereinnehmer und Dichter Christian Felix Weiße schrieb dazu dem einst von Wieland verunglimpften Kollegen Johann Peter Uz: «Seine Beiträge zur Geschichte der Menschheit haben viel schönes, aber auch viel gesuchten und erzwungenen Witz, vielfältige Wiederholungen und nicht selten auch ein ausgedehntes Gewäsche.»[151] Die «Hamburgische Neue Zeitung» hielt dieses Buch für «das gefährlichste von allen, die der Verfasser noch geschrieben», weil die menschliche Natur darin erniedrigt werde. «Unbegreiflich ist es uns, wie Hr. W. die schändlichen Gesinnungen eines epicurischen Schweins, Sir Epikur Mammon, anführen kann, um zu beweisen: ‹daß, da die meisten Menschen im Essen, Trinken, Müßiggang und sinnlichen Wollüsten ihre höchste Glückseligkeit suchen, die Natur selbst die Entwicklung unsrer Perfectibilität nur blos auf einen gewissen Punct gestatten wolle›.»[152]

Über diese Rezension war Wieland sehr verärgert, folgte aber dann doch Großhofmeister von Groschlags Rat und reagierte nicht *à ce gazettier de Hambourg*[153]. Das Attribut «epikuräisch» blieb haften. Der abgesetzte Pater Jordan beschuldigte am Wiener Hof Wieland und Riedel eines gottlosen und viehischen Epikuräismus. Wieland bat den Staatskanzler Kaunitz, sich für ihn einzusetzen, und Riedel, der trotz der Verleumdung einen Ruf nach Wien erhielt, stellte richtig: «Wieland... ist, so munter er in seinen Schriften erscheint, ein sehr moroser, ernsthafter und enthaltsamer Mann, der zu nichts weniger als zu einem viehischen Epicuräismus aufgelegt ist. Ich wünschte alle diejenigen, welche uns beiden...

den Epicuräismus zur Last legen wollen, zu einer der philosophischen Mahlzeiten einladen zu können ...wie wir sie seit 1769 eingenommen haben. Ich weiß gewiß, daß diese Herren nach unserem frugalen Diner sich schnell nach ihrer Behausung verfügen und dort noch einmal mit Speise und Trank sich werden bewirthen lassen.»[154]

Bevor Riedel nach Wien übersiedeln konnte, mußte er in Schuldhaft, weil er fälschlich erhaltene Gelder nicht an die Universitätskasse zurückzahlen konnte. Das war Wasser auf die Mühlen der Konservativen im Kollegium. Weiteren Ärger bekam Wieland, als er sich für den Studenten Joseph Schwarz einsetzte, der anonym wegen Gotteslästerung denunziert worden war. In einem Gutachten für das akademische Konzil verteidigte er Schwarz als einen begabten, rechtschaffenen und lernbegierigen Mann, dem er das Verbrechen nicht zutraue. Schwarz wurde dennoch der Prozeß gemacht, und einige Beisitzer schlugen einen zweiten vor gegen Wieland, den Verderber der jungen Generation. Wieland unterstützte den Studenten auch materiell und vermittelte ihm eine Hofmeisterstelle bei La Roche am Mainzer Hof. Schwarz wurde schließlich rehabilitiert, aber die Affäre festigte natürlich nicht die Stellung seines Professors.

Wieland zog sich immer mehr zurück – in die größer gewordene Familie, an den Schreibtisch. Er klagte, wie einst in Biberach: *...hier ...gehe ich vollends nach und nach zu Grunde. Niemals, niemals, mein Freund, haben die Grazien dieses freudeleere Chaos von alten Steinhauffen, wincklichten Gassen, verfallenen Kirchen, grossen Gemüß-gärten und kleinen Leimhäussern, welches die Hauptstadt des edlen Thüringerlandes vorstellt, angeblickt.*[155] Der Empfänger, Kanonikus Gleim, väterlicher Freund aller Dichter, mochte diesen Brief mit einem anderen vom selben Ort verglichen haben, den ihm der Student Johann Jakob Wilhelm Heinse geschickt hatte: «Unser theuerster Wieland ist in Erfurt fast ganz und gar gesellschaftslos. Er käme wohl Monate lang nicht vor die Hausthüre, wenn Er nicht Sonntags in die – Kirche gehen – müßte. Sie müssen wissen, daß wir hier gar vortreffliche Prediger haben. Jüngst rief uns einer von diesen schwarzen Knechten Gottes zu: Geliebten! Laßt uns den Kelch des Leidens trinken, indes andere mit Wein und Rosen und Grazien und Liebesgöttern ihre Lebenszeit verscherzen!... Unser Wieland hat zwey Töchterchen... mit diesen scherzt, plaudert, tändelt, spielt und kurzweilt Er... Jedes Lallen, jedes Wörtchen, jeder Blick, jede Miene und Gebährde ist dem tiefsehenden Manne eine neue Entdeckung in der Philosophie des menschlichen Herzens und der musikalischen Sprache.»[156]

Wie die kleinen Töchter, so profitierten die Geisteskinder von der gesellschaftlichen Isolation ihres Erzeugers. Wieland beendete nun Arbeiten, die er unfertig aus Biberach mitgebracht hatte. *Die Grazien* waren in Warthausener Salonlaune begonnen worden; jetzt huldigte er in dem Dialog mit Danae, der von Versen durchbrochen wird, Gleim und Johann Georg Jacobi, weil *ich... es so gern der spätesten Nachwelt sagte, daß*

Wieland im Kreis seiner Familie
1774/75.
Ölgemälde von
Georg Melchior Kraus

wenigstens drey Dichter in unsern Tagen gelebt haben, welche sich so liebten, wie die schwesterlichen Musen sich lieben; drey Dichter,
   Die von den Grazien selbst mit Schwesterarmen umschlungen
   Von gleicher Liebe der Musen beseelt,
   Zur Dame ihrer Gedanken die freundliche Weisheit gewählt,
   Die glücklich macht und Witz mit Empfindung vermählt,
   Und schönen Seelen, sich selbst, und bessern Zeiten gesungen.[157]

Der freundschaftsselige Gleim veranstaltete beim Erscheinen des Buchs in Halberstadt ein Fest mit «Wein und Küssen»; drei Mädchen überreichten Jacobi ein Exemplar, und Verse des Kanonikus wurden rezitiert:

> Die Grazien von Wieland sind erschienen
> Was sagen sie von Ihnen?
> Von Wielands Grazien? Man ist

> In Ihrem Tempel dann, wenn man sie liest
> Mann siehet sie Gottheiten sein und schüttet
> Ganz ohne Furcht und Schüchternheit
> Sein Hertz vor ihnen aus, und bittet,
> Um ihre Liebenswürdigkeit.[158]

Der Vergleich zeigt, daß Wieland selbst dort, wo er «matte Salonkunst» vorführte und «uneigentlich und peripher» war[159], die Dichter gleicher Richtung weit übertraf. Der Ballettmeister Jean-Georges Noverre arbeitete *Die Grazien* später zu einem Ballett-Libretto um.

Auch den *Neuen Amadis* hatte er *am Rande der unberühmt schleichenden Riß*[160] angefangen. Der Titel spielt ohne besondere Absicht auf die Ritterromane um Amadis de Gaule an[161], das Werk aber sollte etwas ganz Neues sein: *Es ist ein wahres Original; ein Mittelding zwischen allen an-*

Johann Ludwig Wilhelm Gleim (1719 1803).
Stich von Johann Friedrich Moritz Schreyer nach einer Zeichnung von Johann Heinrich Ramberg

dern Gattungen von Epischer Poesie, denn es hat von allen etwas. Es ist eine von den abenteuerlichsten Geburten des Socratischen Satyrs mit einer Grazie halb gutwillig halb mit Gewalt, gezeugt.[162] Ein Mittelding ist es zwischen Erzählung und Epos, ein Mittelding auch zwischen Rittermärchen und dessen Parodie, eben *ein Ding... das nichts anderm gleich sieht, und nur nach seinen eigenen Regeln beurtheilt werden muß... Die Versart ist auch... von meiner eigenen Erfindung.*[163]

Zunächst hatte er das ganze Kleinepos in zehnzeiligen Stanzen schreiben wollen, doch schon nach dem ersten Gesang durchbrach er diesen Vorsatz zugunsten einer *ganz ungebundenen Vers- und Reimart, die... – wiewohl sie der Willkührlichkeit des zügellosen Genius Capriccio die angemessenste scheint, doch... weniger den Namen einer freyen als einer licenziösen Versifikazion verdient, und den Dichter wirklich nur zu oft zu Nachlässigkeiten verleitet hat, die, wenn auch andere sie zu verzeihen geneigt wären, niemand sich selbst verzeihen soll.*[164]

In der Ausgabe von 1771 also waren die Strophen gesprengt, für die letzter Hand korrigierte Wieland siebzehn der achtzehn Gesänge nach dem Modell des ersten Gesangs – ein Vorgang, der den technischen Perfektionisten, den ständigen Umarbeiter zeigt, aber auch den betagten Weimarer Autor beleuchtet, der sich zum Klassiker stilisieren will. Immerhin zeichnen sich auch die geregelten Strophen aus durch *die Grazien eines Sylbentanzes... der bey aller seiner Freyheit niemahls, oder doch nur selten, über die Wellenlinien der Schönheit hinaus schweift, und... immer zwischen Rhythmus und Harmonie dahin schwebt*[165]. (In solchen Erläuterungen erweist sich Wieland als ein Meister der Poetik, dessen Vokabular den Nachgeborenen immer noch Vorbild ist.[166]) Für den naiven Leser ist der *Neue Amadis* ein Verwirrspiel, in dem fünf Ritter und fünf Prinzessinnen immer neue Variationen des «Wer mit wem?» aufführen, bis schließlich alle ihre Partner finden; der Titelheld gewinnt eine Häßliche, die zur Schönheit wird. Aber auf diese Geschichte kommt es so wenig an wie, auf ganz anderer Ebene, etwa in dem Film «Tote schlafen fest»[167] auf die Logik des Plots. In jedem Fall wird das Publikum gepackt – im Film, weil es die Figuren versteht, wenn auch nicht die Zusammenhänge; im *Neuen Amadis*, weil die kundigen Leser vielfältige Anspielungen erkennen, aber von der Handlung immer wieder verblüfft werden. Die Analogie ließe sich ausspinnen in einen Exkurs über das Wesen des Unterhaltenden, zu dem Verstehen und Erkennen ebenso gehören wie die Überraschung und das Rätseln; doch da heutige Leser im *Neuen Amadis* nur wenig wiederfinden, finge das Beispiel bald an zu hinken. Wieland befand: *Ein Dichter ist berechtiget, bey seinen Lesern einige Kenntniß der Mythologie und Geschichte, und einige Belesenheit in Romanen, Schauspielen und andern Werken der Einbildungskraft und des Witzes vorauszusetzen.*[168]

Immerhin gab er in 112 Anmerkungen Hinweise auf das Netzwerk von

Literatur, das durch Anspielungen, Zitate und Spiegelungen in den *Neuen Amadis* hineingewoben ist.[169] Homer, Petronius, Lukian und Pausanias; Butler, Milton, Swift und Sterne; Montaigne, Prévost, Diderot und Crébillon; Cervantes und Winckelmann sind nur einige, die grüßen lassen. So wie die Dichtungen aus verschiedenen Epochen und Ländern zu einer Folie der poetischen Gegenwart werden, sind auch die Szenen, die Requisiten, die Kleidung, die Kenntnisse, Gewohnheiten und Redeweisen der Protagonisten von überallher in Zeit und Raum genommen. Schönheitspflästerchen und Ritterpanzer, Sonnenschirm und Kaftan existieren nebeneinander, mal wird Zeus, mal Sankt Georg angerufen, im großen Spiel der Illusion ist alles möglich.

Der neue Amadis gehört zu den Werken Wielands, die heute selten genannt und gewiß kaum zum Spaß gelesen werden – das müßte laut geschehen, mit einem Kommentator im Hintergrund. Doch sein Reiz liegt nicht nur im Historischen – «Ein Bild der gesamten Rokokokultur!»[170] –, es ist ein Buch ganz aus und in der Welt der Bücher, und wer seinen Autor betrachtet, den noch nicht vierzigjährigen geplagten Professor und liebevollen Familienvater, erinnert sich an den jungen Mann in Biberach, in Tübingen und Zürich, der alles, was er wußte, aus Büchern hatte.

Übrigens bekam Wieland von seinem Verleger für die *Grazien* und den *Neuen Amadis* 500 Reichstaler Honorar[171], nicht viel weniger als sein Jahresgehalt an der Universität. Er war nun ein arrivierter Autor, und wenn er das den Kritikern und Freunden nicht geglaubt hätte, mußte ihn die zweite Reise der Erfurter Zeit von seinem Ruhm überzeugen. Die erste hatte ihn 1770 nach Leipzig zu seinem Verleger Reich geführt und ihm die Bekanntschaft mit den dortigen Literaten eingebracht, jetzt reiste er auf Einladung von Sophie La Roche im Frühsommer 1771 über Gießen und Wetzlar nach Ehrenbreitstein bei Koblenz und machte Abstecher nach Mainz, Darmstadt, Düsseldorf und Dieburg. Er lernte die Brüder Jacobi kennen, mit denen er bereits korrespondiert hatte – Johann Georg, Kanonikus in Halberstadt, und Friedrich Heinrich, Zollbeamter in Düsseldorf, beide Dichter –, und feierte ein rührendes Wiedersehen mit Sophie La Roche, deren «Geschichte des Fräuleins von Sternheim» er inzwischen herausgab. «Sophie ging ihrem Freunde mit ausgebreiteten Armen entgegen; er aber, anstatt ihre Umarmung anzunehmen, ergriff ihre Hände und bückte sich, um sein Gesicht darein zu verbergen: Sophie neigte mit einer himmlischen Miene sich über ihn und sagte...: Wieland – Wieland – O ja, Sie sind es – Sie sind noch immer mein lieber Wieland! – Wieland, von dieser rührenden Stimme geweckt, richtete sich etwas in die Höhe, blickte in die weinenden Augen seiner Freundin, und ließ dann sein Gesicht auf ihren Arm zurücksinken. Keiner von den Umstehenden konnte sich der Thränen enthalten: mir strömten sie die Wangen hinunter...»[172]

Wieland reiste aber auch von Hof zu Hof: Der Kurfürst Clemens Wenzeslaus von Trier, La Roches neuer Arbeitgeber, empfing ihn ebenso wie

Wielands Ankunft zum «sentimentalen Congreß» in Ehrenbreitstein, 1771

sein eigener, Kurfürst Emmerich Joseph von Mainz; auch bei der Landgräfin Caroline von Hessen-Darmstadt war er zu Gast und traf dort den seinetwegen gekommenen Brieffreund Gleim; bei dem Großhofmeister von Groschlag in Dieburg verbrachte er sechs Tage. Weil im 18. Jahrhundert die Nachrichten aus der Gesellschaft noch auf dem Postweg ausgetauscht wurden, ist uns der Klatsch über ihn erhalten. In Mainz beim Grafen von Wartensleben beobachtete dessen Sekretär den «Mann, der in E. die Studenten lehrt, wie sie zum Besten des gemeinen Wesens scherzen, trinken und küssen sollen ... der aus Bescheidenheit die Lobeserhebungen drucken läßt, die ihm gemacht werden ... der die Originalwerke, die er schreibt, aus den Italiänern, Franzosen und Engländern stiehlt, mit einem Worte der W.». Er entwarf ein recht lächerliches Bild von dem «schwarzen hageren Mann mit langen Manchetten, einer noch längern Nase, und einem etwas steifen Anstande»[173].

Differenzierter äußerte sich Caroline Flachsland, die Verlobte Herders, die als Hofdame in Darmstadt bei der Begegnung Wielands mit dem «alten, guten, sanften, muntern, ehrlichen Vater Gleim»[174] dabei war. Sie fand Wieland «im ersten Anblick nicht einnehmend, mager, Blatternarbicht, kein Geist und Leben im Gesicht, kurz, die Natur hat an seinem Körper nichts für ihn gethan. Tritt kalt in die Gesellschaft, spricht ziemlich viel, insonderheit wenn er Laune hat, man muß ihn lange sehen, ehe man ihn kennt; erst eine Stunde vor dem Abschied habe ich gesehen, daß er warm und empfindsam seyn kan. Und ich liebe ihn, da ich ihn als Freund hab kennen gelernt. Nur seinen Autorstolz und Eitelkeit, die er in ziemlicher Dose besitzt, möchte ich von ihm wegwischen.»[175]

Von der Eitelkeit sprachen auch andere bei anderer Gelegenheit: «Er ist so voll von sich selbst, daß man, um seine Gewogenheit zu haben, nichts thun, als ihn bewundern muß, und er lobet sich gleichwol selbst so sehr, daß er einem zu seinem Lobe etwas zu sagen, nicht viel übrig läßt. Ich glaube nicht, daß er ein böses Herz hat, aber er scheint noch in seinen Grundsätzen und seiner Denkungsart so ungewiß zu sein, daß er sich oft widerspricht.»[176] Die Eitlen aus Unsicherheit sind nicht nur unter den Dichtern zahlreich, und ihre Freunde möchten sie mit Zuneigung verwöhnen, damit sie selbstbewußter und angenehmer werden. Genau das erlebte Wieland in den 35 Tagen seiner Reise, und als er nach Erfurt zurückkam – gerade war seine dritte Tochter Regina Dorothea geboren –, stellte er hochbefriedigt fest: *Ich bin ein sehr glücklicher Mensch; wie viele vortreffliche Männer, Weiber, Knaben und Mädchen lieben mich!*[177]

Philosoph der Fürsten

Wieland hatte, wenn er schrieb, meist ein Publikum im Blick. *Don Sylvio* sollte *ein Buch für die Meisten*[178] sein, mit den *Comischen Erzählungen* wollte er die Warthausener Hofgesellschaft unterhalten, nun arbeitete er an einem Roman für die Herrschenden. Der Gedanke an einen Fürstenspiegel in der Tradition von Erasmus von Rotterdams «Institutio principis christiani» (1516), Niccolò Machiavellis «Il principe» (1532) und Fénelons «Les Aventures de Télémaque» (1699) war ihm nicht erst bei den Audienzen in Darmstadt, Mainz, Dieburg und Trier gekommen; schon zuvor hatte er seinem Verleger angekündigt: *...itzt habe ich ein Werck unter Händen, an welchem ich ohne Unterbrechung fortarbeiten muß... ein besonderes Werck... und... das Beste was ich noch in Prosa geschrieben habe. Es ist wichtiger als Agathon und wenigstens ebenso interessant. Der Titel ist: Der goldne Spiegel, oder, die Könige von Scheschian, eine wahre Geschichte aus dem Scheschianischen übersetzt. Rex eris, si recte facies... Der Plan der Geschichte selbst ist groß und stellt eine Philosophie der Könige dar, ohne darum minder interessant für Leser zu seyn welche keine Könige sind.*[179] Wieland rechnete damit, daß über die eingebauten Satiren *die Herren Könige, die Herren Ministers, und die Priesterschaft (sonderl. Catholischen Antheils) die Nase gewaltig rümpfen werden*, fürchtete aber, da er *behutsam genug* vorgegangen sei, *höchstens ein Verbot in den österreich. Staaten, wo man noch ein wenig bigot ist.*[180]

König wirst du sein, wenn du richtig handelst – dieses Motto der Erstausgabe von 1772 umreißt das Thema des *Goldnen Spiegels*. Dargestellt ist es auf vertrackte, virtuose, barocke und echt Wielandsche Art: Die *wahre Geschichte* wurde, so die Fiktion, aus dem Scheschianischen ins Sinesische, dann ins Lateinische und schließlich ins Deutsche übersetzt und enthält die Fußnoten aller Übermittler sowie die des Herausgebers und ungenannter Anmerker. In der Manier von «Tausendundeiner Nacht» wird der Sultan Schach-Gebal vordergründig zur Entspannung, im Grunde aber zur Belehrung allabendlich von seiner Mätresse Nurmahal und dem Hofphilosophen Danischmend mit der Geschichte des indischen Königshauses Scheschian unterhalten. Schach-Gebal hört von vernünftigen, unbedeutenden und schwachen Herrschern. In einer Abschweifung wird das Glück eines kleinen Volkes geschildert, das der Natur treu bleibt und nur der Liebe, Unschuld und Freude huldigt, dabei aber auf Eigenständigkeit und zahlenmäßige Begrenzung achtet. Auch Scheschian erlebt schließlich ein goldenes Zeitalter unter dem aufgeklärten Tifan, Schüler des weisen Dschengis. Er teilt sein Volk in sieben Klassen mit besonderen Rechten und Pflichten ein, gibt ihm eine Verfassung und entmachtet die Priester. Seine politische und ökonomische Vernunft lassen einen Idealstaat entstehen, der jedoch später unter seinen Nachfolgern zerbricht und in Kriegen aufgerieben wird.

Wieland setzte sich in diesem Werk mit den unterschiedlichsten philosophischen und staatspolitischen Theorien auseinander. Platon, Aristoteles, Montesquieu, Rousseau, Albrecht von Haller und Johann Georg Zimmermann waren einige seiner inneren Gesprächspartner, und nur manchmal wurde er ein wenig langatmig, auch langweilig im Disput mit ihnen. Gleich drei Figuren waren Sprachrohr des Autors – Danischmend, der Prinzenerzieher Dschengis und der geistreiche Schach-Gebal selbst –, er zitierte und parodierte, fabulierte und ironisierte. Im *Diogenes von Sinope* hatte er den Reichen die Meinung gesagt, jetzt erteilte er den Mächtigen Lehren – denkend und schreibend fühlte er sich als ihr Mentor bei der Suche nach dem Wahren und Klaren. (Und wie virtuos er dabei vorging, weiß zu schätzen, wer als Nebenlektüre zum Beispiel das vielgelobte «Chasarische Wörterbuch» von Milorad Pavic auf dem Nachttisch liegen hat – den Lexikonroman eines serbischen Literaturprofessors mit dem Spezialgebiet Barock.[181])

In vielen Büchern über Bücher ist nachzulesen, daß Wieland mit diesem Staatsroman seine «Hoffähigkeit» beweisen wollte und sich von der Huldigung an Kaiser Joseph II. eine Stellung in Wien versprach. Er selbst scheint das in einem Brief zu bestätigen, der dem Vizekanzler der österreichischen Hofkanzlei, Tobias Philipp von Gebler, ein Exemplar des *Goldnen Spiegels* ankündigte: *Wenn ich jemals nach dem Beyfall von Principibus viris gestrebet habe, so geschah es bey diesem Wercke wodurch ich unter dem Vehiculo einer ergötzenden Erzählung, grosse, gemeinnützige, freymüthige, und zum Theil kühne Wahrheiten den Edeln und den Grossen unsrer Nation unter die Augen gestellt habe. Ew. Hochwohlgeb. werden zu Ende des dritten Theils eine Stelle finden, die nur auf Einen Fürsten... paßt.*[182] In der Ausgabe letzter Hand hat das Werk nur zwei Teile; zweifellos ist eine der Stellen gemeint, wo Joseph II. sein schmeichelhaftes Spiegelbild in dem tugendhaften und aufgeklärten scheschuanischen Herrscher Tifan erkennen konnte.[183]

Ein Brief an Riedel in Wien dient als weiterer Beleg dafür, daß der *Goldne Spiegel* eine Art großangelegtes Bewerbungsschreiben an das Haus Habsburg gewesen sei: *... besonders würde mirs sehr tröstlich seyn, wenn Joseph II. von meinem Daseyn auf eine mir günstige Weise Kognition zu nehmen Gelegenheit bekäme. Baron Gebler sowohl als Sonnenfels ha-*

Titelkupfer zu «Der Goldne Spiegel oder Die Könige von Scheschian»,
gestochen von Clemens Kohl
nach einer Zeichnung von Johann Heinrich Ramberg, 1794

ben mir so wie Sie selbst Hoffnung gemacht, der goldne Spiegel sollte ein Werkzeug dazu werden. Das gebe der Himmel![184]

Wer die Geschichte der Könige von Scheschian vor allem unter diesem Aspekt liest, mag darin viel Unsympathisches entdecken. Sengle war sich sicher: «Im Goldnen Spiegel verbinden sich Aufklärungsoptimismus und Rokokopessimismus, Fremdes und Eigenes, Philosophie und Dichtung, Auflehnung und Unterwürfigkeit, Machthunger und idyllische Sehnsucht

Christoph Martin Wieland. Ölgemälde von Johann Ernst Heinsius, 1775

(und was nicht noch sonst?) zu einer Mischung, die nicht dem Kern des Dichters, sondern seinem augenblicklichen Irrweg, der Jagd nach Sicherheit und Ruhm, entspricht.»[185]

Doch den Ruhm genoß Wieland damals schon, und eine neue Sicherheit suchte er, weil der Erfurter Universitätsbetrieb ihn immer weniger befriedigte, halbherzig und ohne viel System an den verschiedensten Orten: In Neuwied wollten Fritz Jacobi und Sophie La Roche eine Akademie unter seiner Leitung gründen, aber er verhielt sich abwartend. In Halle zeigte die Universität Interesse an ihm, aber er fürchtete, in zwanzig Jahren zuviel Latein für einen *Prof. Eloquentiae* vergessen zu haben: *Ich tauge zu nichts als zu einem Prof. der Pract. Philosophie, i. e. der Sittenlehre und des Naturrechts – und den brauchen sie in Halle nicht.*[186] In Weimar lud Herzogin Anna Amalia ihn immer häufiger ein, aber er lehnte wiederholt den Vorschlag des Prinzenerziehers Graf Goertz ab, ihren Söhnen Carl August und Konstantin Philosophieunterricht zu geben. Gewiß, Wien hätte ihm gefallen: *Zwey entgegengesetzte Kräfte ziehen mich, beynahe gleich stark; die eine an den Rhein, die andere an die Wilhelmsburg zu Weimar. In solchen Fällen pflegt ein Körper nach dem ordentlichen Laufe der Natur die Diagonal-Linie zu gehen, und diese geht der Donau zu.*[187] Aber an der Donau war Maria Theresia noch Mitregentin, und Wieland muß gewußt haben, daß diese fromme Frau dem Dichter der *Musarion* und des *Neuen Amadis* «niemals gestatten kunte, hierher [zu] kommen»[188]. Sehr viel zielstrebiger betrieb Wieland ein anderes Projekt, und warum soll man ihm nicht glauben, daß er sich davon am meisten versprach? *Wissen Sie was das Klügste wäre? Mein Agathon sollte mir soviel eintragen, daß ich in Sokratischer Mittelmäßigkeit, weder arm noch reich, aber in Muße leben könnte.*[189] Er sammelte Bestellungen für die veränderte und erweiterte Neuausgabe des *Agathon*, und er wollte möglichst viele Namen gekrönter Häupter für die Subskribentenliste gewinnen: *Ein glücklicher Erfolg derselben würde mich in den Stand setzen, künftig mit mehr Muße zu studieren, und weniger aber besser zu arbeiten.*[190]

Von *Agathon*, seit 1766 von Geßner in Zürich verlegt, waren in sechs Jahren laut Verlegerauskunft nur elfhundert Exemplare verkauft worden. Wieland war darüber verärgert: *Agathons Schuld kann es nicht seyn.*[191] Die Schuld hatten eher die Raub- und Doppeldrucke. Raubdrucke, Nachdrucke unberechtigter Verleger, waren damals ebenso üblich wie Doppeldrucke, unrechtmäßige Nachauflagen des echten Drucks, die vom Verleger ohne Wissen des Autors hergestellt wurden.[192] Die Schriftsteller konnten sich gegen diese Usancen nur durch ständig veränderte Neuausgaben ihrer Werke wehren – ein profan-kommerzieller Grund für manche Textveränderung, in der die Nachwelt gewandelte Überzeugung zu erkennen glaubt.

Den neuen *Agathon* wollte der Buchhändler Bärstecher in Cleve herausbringen (er erwies sich dann als unzuverlässiger Vielversprecher, und

das Buch erschien bei Philipp Erasmus Reich in Leipzig), die Subskribentenliste bedeutete eine Art Erfolgsgarantie, und wenn Wieland triumphierend verkündete: *Presques tous les Princes de l'Empire on déja souscrit pour Agathon*[193], dann war das vielleicht übertrieben, zeigte aber, wohin sein Ehrgeiz zielte. Natürlich sollte auch der neue Staatsroman ihn

Agathon.

Quid Virtus et quid Sapientia possit.

Zweyter Theil.

Leipzig,
bey Weidmanns Erben und Reich. 1773.

Titelkupfer und Titelblatt des «Agathon», 1773

den Prinzen empfehlen, und an des Kaisers Wohlwollen war ihm besonders viel gelegen, weil *Agathon* in Österreich nach wie vor dem Verbot der Zensur unterlag. Daß *Der goldne Spiegel* jedoch nur zu solchen Zwecken geschrieben war, mochte auch ein Kenner wie Friedrich Beißner nicht glauben: «Die Erzählungen und Gespräche des in ironischen Brechun-

Anna Amalia, Herzogin von Sachsen-Weimar-Eisenach (1739–1807). Rötel-Kupferstich von Br. Goepffert

gen geistreich montierten Romans... gewinnen in der Laune des mitgehenden Lesers eine eigentümlich reizvolle Transparenz. Das macht den hohen Wert dieser humoristischen Dichtung aus, die doch gar nicht, umständlich und ernsthaft, über Staatsauffassungen des 18. Jahrhunderts unterrichten will – auch wenn manche Deuter ganz sicher zu wissen glauben, der Autor habe dies Buch bloß mit hoffendem Blick auf eine Verwendung am Kaiserlichen Hof zu Wien geschrieben... und verdanke ihm tatsächlich den Ruf nach Weimar. Wieland selbst wird kaum gemeint haben, sein fürstlicher Zögling, der Weimarer Erbprinz Carl August, könne durch die Lektüre des ‹Goldnen Spiegels› unmittelbar und materiell für seinen hohen Beruf gebildet werden. Der Bildungswert der Kunst wurzelt in einer tieferen Schicht.»[194]

Über Wielands Werk haben so viele Archäologen der Literatur so viel zutage gefördert, daß die «tiefere Schicht» unter lauter Funden oft verschüttet ist.

Immerhin: der Ruf nach Weimar erfolgte. Am 17. Juli 1772 bot Herzogin Anna Amalia dem Erfurter Professor den Titel eines Hofrats, 900 Taler im Jahr und eine Pension von jährlich 500 Talern lebenslang an, falls er ihre Söhne erziehe.[195] Wieland wollte das Gehalt auf 1000, die Rente auf 600 Taler erhöht haben, versicherte sich, daß er lebenslang Hofrat sein werde, und erbat die Übernahme der Umzugskosten sowie Hilfe bei dem Entlassungsgesuch aus den Diensten des Mainzer Kurfürsten.[196] Die Herzogin ging darauf ein und sagte ihm die Pension unabhängig vom Wohnort zu: «...und er solche überall, wohin er sich sodann zu begeben für gut finden möchte, zu genießen haben solle.»[197]

Der Erbprinz war schon fünfzehn, Wieland wußte, daß seine Erziehertätigkeit auf drei Jahre beschränkt sein würde. Und er fürchtete nicht, durch seine Stellung an einem kleinen Hof zum Fürstenknecht zu werden: *Die Hofluft soll mich, wie ich hoffe, nicht anstecken, und meine Feinde und Mißgönner sollen das Vergnügen nicht erleben, mich den Grundsätzen meines Danischmendes und Dschengis ungetreu werden zu sehen. Ich halte es nicht für wahrscheinlich, daß ich jemals ein Günstling werden... sollte... Mit einem Wort, das Glück mag mich anlächeln oder angrinsen, so werde ich nach meinen Grundsätzen leben; und damit Punctum!*[198]

Im September 1772 verließ Wieland endgültig die Universitätsstadt an der Gera, die so sinnfällig von Dom und Severikirche beherrscht wird. Wie sehr ihn der langersehnte Ortswechsel dann doch aus dem Gleichgewicht brachte, illustriert eine Episode: Im Frühjahr hatte er nach der Lektüre von «Emilia Galotti» Lessing einen *Huldigungs-Brief* geschickt, *den ersten, den ich in meinem Leben an diesen grossen Mann geschrieben habe*[199]. Lessing reagierte freundschaftlich: «Ich glaube einem Manne zu antworten, der nicht erst seit gestern weiß, wie unendlich hoch ich ihn schätze... Ach, mein liebster Wieland!... Sie glauben, nur, daß wir Freunde werden könnten? Ich habe nie anders gewußt, als daß wir es längst sind. Eine Kleinigkeit fehlt: uns gesehen zu haben... Und doch wünschte ich sehr, daß auch diese Kleinigkeit unserer Freundschaft nicht fehlte.»[200] Aus Erfurt kam keine Antwort nach Wolfenbüttel, obwohl Wieland auf ähnliche Angebote kleinerer Geister – Gleim, die Jacobis – immer liebenswürdig eingegangen war. Erst drei Jahre später schrieb er wieder an Lessing und forderte ihn zur Mitarbeit am «Teutschen Merkur» auf; Lessing lehnte unter weiteren Freundschaftsbeteuerungen ab: «Recht gut, daß es Ihnen von Zeit zu Zeit ein Dritter sagt, wie sehr ich Sie verehre.»[201]

Nach fast zwanzig Jahren erklärte Wieland seinem Schwiegersohn Karl Leonhard Reinhold die versäumte Korrespondenz mit dem Umzug nach Weimar: *...es ist ein wirkliches und wunderliches Phänomen, daß ich einen solchen Brief so ganz vergessen konnte. Es ist nur durch die ganz eigene und idiokratische Wirkung, die eine sehr große Veränderung meiner äußeren Lage auf mich zu machen pflegt, erklärbar. Eine jede solche Ver-*

Dekret vom 28. August 1772 über die Berufung Wielands nach Weimar

änderung ist für mich eine Art von Tod zu einem neuen Leben... – ein theils plötzliches, theils allmähliches Vergessen des vorigen Zustandes – welches mir in meinem Leben hauptsächlich zweymal begegnet ist: da ich im J. 1759 aus der Schweiz in die Biberach'sche Kanzley, und da ich Ao. 1772 aus Erfurt an den Weimarischen Hof versetzt wurde. Daher erklärt sich, daß ein so schmeichelhafter Brief und eine so verbindliche Einladung zur Fortsetzung des angefangenen Briefwechsels ohne Folgen blieb![202]

Den weimarischen Hof von 1772 darf man sich nicht allzu prächtig vorstellen. Die Stadt beeindruckt zwar durch das Rote und das Grüne Schloß, beide mehrfach veränderte Renaissancebauten, und die 1735 bis 1745 barockisierte spätgotische Stadtpfarrkirche; Wohnhäuser wie das von Goethe oder dem Stallmeister von Stein demonstrieren Sinn für Repräsentation und behaglichen Lebensstil; doch im Wittumspalais kann man sich davon überzeugen, daß Anna Amalia mehr Geschmack am Zierlichen und Zweckmäßigen fand als an Prunk und Glanz.

Die Herzogin, seit dem frühen Tod ihres Mannes 1759 Regentin von Sachsen-Weimar-Eisenach, herrschte über einen kleinen, armen Staat mit geringer, überwiegend ländlicher Bevölkerung: Von den 106000 Einwohnern waren 63 Prozent Bauern, 23 Prozent Handwerksgesellen, Dienstboten und Tagelöhner, 23 Prozent städtische Handwerker und Kaufleute, nur ein Prozent gehörte dem Adel an. Ein anonym gebliebener «wandernder Helvetier» beschrieb 1792 seine Eindrücke auf dem Weg von Erfurt nach Weimar: «Die Landwirtschaft zeigte sich etwas bergicht und rauh; ich erblickte wieder Gehölze, die großen wohlgebauten Gehöfte in den Dörfern verschwanden, und dürftige Hütten traten zum Teil an ihre Stelle. Die armselig gekleideten und dürftig eingerichteten Landleute, welche mit schlechten Pferden und Zeug daherfuhren, machten die Idee, daß ich in einem minder ergiebigen und wohlhabenden Land sein müsse, vollständig. Ich hatte richtig geschlossen, denn ich befand mich auf weimarischem Grund und Boden.»[203]

Kaum hatte Wieland das gemietete Söllnersche Haus in der Luthergasse bezogen, da erreichte ihn aus Biberach die Nachricht, daß sein Vater im Alter von 69 Jahren gestorben sei. Er ließ die Mutter kommen: *Unsere liebste, angelegenste Sorge soll es seyn, Ihnen die schmerzliche Trennung von unserem ewig geliebten Vater zu erleichtern und Ruhe und Zufriedenheit über den kostbaren Rest Ihres Lebens auszubreiten.*[204] Bis zu ihrem Tod sechzehn Jahre später lebte sie in seiner immer größer werdenden Familie.

Die beiden Prinzen unterwies Wieland zunächst nach den «Grundsätzen der Moralphilosophie» des Schotten Adam Ferguson, die gerade in der deutschen Übersetzung von Christian Garve erschienen waren, außerdem in Geschichtsphilosophie und der Theorie der schönen Wissenschaften, später kamen Natur- und Völkerrecht dazu. Da es eine ganze Reihe weiterer Instruktoren gab, beanspruchte ihn der Unterricht täglich

Carl August, Erbprinz von Sachsen-Weimar-Eisenach (1757–1828).
Ölgemälde von Johann Ernst Heinsius, 1772/73

nur ein bis zwei Stunden. Er mußte jedoch auch als Gesellschafter zur Verfügung stehen, mittags, häufig auch abends mit den Prinzen speisen und fand bald nur wenig Zeit für die eigene Arbeit. *Ein kleines Singspielchen auf den Geburtstag unserer Herzogin ist Alles, was ich seit mehreren Wochen habe zu Stande bringen können.*[205] Das war *Aurora*, am 24. Oktober 1772 von der Seylerschen Theatertruppe uraufgeführt, die erste Gemeinschaftsarbeit mit dem Komponisten und Kapellmeister Anton Schweitzer.

Trotz all dieser Abhaltungen betrieb Wieland energisch die Vorbereitung eines Projekts, das ihn schon früher, gegen Ende seiner Jahre in der Schweiz und in der Biberacher Zeit, vage beschäftigt hatte: Eine Zeitschrift für die Deutschen wollte er herausgeben, und jetzt nahm sie als *Deutscher Merkur* Gestalt an. Der Anstoß war diesmal von Fritz Jacobi gekommen: «Das Journal, wovon ich Ihnen von Coblenz aus schrieb, müßte ein Ding seyn wie der Mercure de France. Wir müßten es so schreiben, daß es nicht für Gelehrte allein, sondern auch für die Damen, Edelleute u. d. m. interessant würde.»[206] Jacobi machte sich Gedanken über «geschickte Mitarbeiter – Lessing, Herder und Möser wären Leute, wie wir sie brauchen»[207] –, er warb durch die Vermittlung von Sophie La Roche den Darmstädter Kriegsrat und Schriftsteller Johann Heinrich Merck als «meinen Gehülfen am deutschen Merkur»[208], aber die Zeitschrift wurde immer mehr Wielands Sache. Der Dichter entwickelte eine publizistische Konzeption, machte sich Gedanken über Verlag und Vertrieb und setzte sein Renommee bei der Suche nach Rezensenten und regelmäßigen Beiträgern ein. Er hatte schon gelegentlich an den «Erfurtischen gelehrten Zeitungen» mitgearbeitet[209] und wußte genau, wie das kommerzielle deutsche Gegenstück zum staatlich geförderten «Mercure de France» aussehen sollte: Als Sprachrohr für die kulturelle Einigung Deutschlands war es als Herausforderung an Joseph II. gedacht, das Geistesleben in seinem Reich von Wien aus zu organisieren und zu fördern. Zugleich sollte der *Deutsche Merkur* den Ansprüchen des gebildeten Publikums der Nation gerecht werden. *Prosaische Original-Aufsätze, Litterarische Nachrichten, Recensionen und Revisionen unrichtiger Urtheile über interessante Schriften, sollen die Haupt-Artikel davon ausmachen... Ein Hauptgesetz soll seyn, alles was irgend einer in Deutschland recipirten Religion anstößig seyn könnte, zu vermeiden, denn mein Merkur soll in den Katholischen Staaten eben so gangbar werden, als in den Protestantischen. Da ich der eigentliche Entrepreneur und Direktor des Werkes seyn, und dasselbe zu Weimar unter meinen Augen besorgen werde, so stehe ich auch sowohl für die Güte als für die Unanstößigkeit aller Artikel.*[210]

In Wielands Korrespondenz war damals der *Deutsche Merkur* das beherrschende Thema. Seine Erziehertätigkeit und das Hofleben erwähnte er wesentlich seltener, vom Erbprinzen schrieb er jedoch mit Zuneigung: *Ich habe das Vergnügen gehabt, in der Hoffnung bestätigt zu werden, welche ich mir von meinem jungen Fürsten mache. Wenn der Himmel ihn und ein paar gute Freunde, die er hat, leben läßt, so sollen Sie in sechs Jahren a dato einen kleinen Hof sehen, der verdienen soll, daß man von den Enden der Welt komme, ihn zu sehen.*[211] Daß der kleine Hof in den nächsten Jahrzehnten tatsächlich zu einem Mittelpunkt des deutschen Geisteslebens wurde, hatte er dann eher den Dichtern als dem Fürsten zu verdanken, doch der hatte sie, gut beraten, geholt und gehalten. Carl August selbst fand mehr Gefallen an Tanzvergnügen, Jagd und Kartenspiel als an der Literatur. Er führte aber als einer der ersten deutschen Fürsten die landständische Verfassung ein, wie sie durch die Wiener Bundesakte von 1815 vorgesehen war, und darin mag man den Einfluß seines Lehrers erkennen: Wieland war kein Anhänger des absoluten Fürstenstaats, er befürwortete die konstitutionelle Monarchie.

Titelblatt von «Alceste», 1774. Gestochen von Christian Gottlieb Geyser nach einer Zeichnung von Christian Wilhelm Steinauer

In der Hofgesellschaft schloß Wieland sich zunächst an den Grafen Goertz an, der die Prinzenerziehung leitete. *Görz ist mein Freund... Wir sind beyde so einsam hier, als wir es auf dem Berge Nitria oder mitten in der Wüste Zara seyn könnten. Unsere Prinzen ausgenommen hat Er keinen Freund als mich, ich keinen als Ihn.*[212]

Herzogin Anna Amalia war von dieser Freundschaft wenig begeistert. Sie hatte gehofft, Wieland werde zwischen ihr und dem eigenwilligen jungen Sohn vermitteln, ihn charakterlich festigen und ihn lehren, wie man die Schmeichler durchschaut. Schon nach einem Jahr beklagte sie sich bei dem Staatsrat von Fritsch über Wieland: «Er ist ein Mann von gefühlvollem Herzen und ehrenwerter Gesinnung; aber ein schwacher Enthusiast, viel Eitelkeit und Eigenliebe; ich erkenne leider zu spät, daß er nicht gemacht ist für die Stellung, in der er sich befindet; er ist zu schwärmerisch für die jungen Leute, zu schwach, um ihnen die Spitze zu bieten, und zu unvorsichtig, in seiner Lebhaftigkeit hat er das Herz auf der Zunge;

wenn er sich verfehlt, so ist das mehr aus Schwachheit als aus bösem Willen; so sehr er durch seine Schriften gezeigt hat, daß er das menschliche Herz im allgemeinen kennt, so wenig kennt er das einzelne Herz und die Individuen; er hört zu sehr auf die Schmeichler und überläßt sich ihnen; daher stammt die große Freundschaft zwischen ihm und dem Grafen Görtz, der ihm in der unerhörtesten Weise schmeichelt. Wieland von seiner Seite schmeichelt wieder dem Grafen, und beide vereinigt schmeicheln meinem Sohne – so daß nichts als Schmeichelei oben bei meinen Kindern herrscht.»[213]

Die damals fünfunddreißigjährige Herzogin war Patin von Wielands vierter Tochter Amalie geworden. Sie verehrte den Dichter, doch den Einfluß des Erziehers schränkte sie ein. Von dem Grafen Goertz zog sich Wieland bald zurück. Das bedeutete noch größere Einsamkeit, aber auch mehr Einsicht: *Hier ist keine Seele, der ich mich völlig vertrauen kann. So gern ich ein bloßer Zuschauer bleibe, so muß ich doch, nolens volens, Acteur seyn; mehr als eine Marionette tanzt an meinem Faden, und mehr als ein weiser Mund spricht, was ich ihm auf die Zunge lege... ich kenne alle Masken, die mich umgeben und lächle nur, wenn ich allein bin, darüber, daß manche mich zu betrügen glauben.*[214]

Ob Wieland tatsächlich am Hof die Puppen tanzen lassen konnte, ist zu bezweifeln. Seinen Einfluß auf Carl August spielte er mit Sicherheit einmal aus – gegen Graf Goertz, der in der Regierung des jungen Herzogs eine führende Rolle übernehmen wollte. Wieland betrieb, wie Anna Amalia, Goertzens Verabschiedung[215] und verhalf seinem Freund Friedrich Justin Bertuch zur Stellung des Geheimen Kabinettssekretärs.[216]

«Pain cuit et liberté» – diesen Wahlspruch von Don Quijote zitierte Wieland jetzt immer wieder.[217] Am gebackenen Brot fehlte es nicht, und die Freiheit, die der Hofdienst ihm zunehmend ließ, nutzte er für die literarische Arbeit. Von dem Komponisten Schweitzer angeregt, arbeitete er den griechischen Mythos von Alceste zu einem «Singspiel» um – heute gilt der Text als das erste deutsche Opernlibretto. Es erzählt von der Gemahlin des Königs Admetos, die freiwillig an Stelle ihres Gemahls starb und von Herakles aus dem Hades befreit wurde. *Alceste*, 1773 in Weimar uraufgeführt, dann in Leipzig und Schwetzingen gespielt, war jedesmal ein großer Erfolg. Wieland gab die reichlich gespendeten Komplimente an seinen Inspirator Schweitzer weiter: *Alle Augen strömten über; die Unempfindlichsten wurden gerührt, und die Gefühlvollen fanden sich in einigen Scenen von Empfindung erdrückt... Es ist wahr, die Musik meines Freundes Schweizer that hier das Beste, und die Exekution übertraf... Alles, was man sich in dieser Art von deutschen Schauspielen versprechen konnte.*[218]

Im letzten Jahr vor seiner Pensionierung, als der Erbprinz Carl August schon mit seinen Erziehern Graf Goertz und Karl Ludwig von Knebel auf einer Bildungsreise nach Paris war, schrieb Wieland den Roman *Die Ge-*

Wittumspalais in Weimar. Farbige Radierung von Eduard Lobe, um 1840

schichte des weisen Danischmend und der drey Kalender, nach dem Untertitel ein *Anhang zur Geschichte von Scheschian*. Sengle sah darin einen «Widerruf»[219] des *Goldnen Spiegels*, Hermann Meyer ein «notwendiges Komplement»[220], eine Ergänzung also. Im Mittelpunkt steht diesmal der Philosoph Danischmend, der beim Schach-Gebal in Ungnade gefallen und im Gefängnis gewesen war. Entlassen und bescheiden entschädigt, zieht er sich in das Gebirgstal Jemal zurück, nimmt eine Frau und gründet mit ihr eine Familie. Mit den Bauern im Tal hält er gute Nachbarschaft, sie beherzigen seine weisen Lehren, da stören die Bettelmönche (Kalender) das Idyll mit ihrem zynischen Egoismus. Danischmend muß fliehen, aber auch als bescheidener Korbmacher in der Nähe der Hauptstadt bewahrt er sein Familienglück. Schließlich schickt ihn der Sultan als seinen Statthalter nach Jemal zurück, und dort bringt Danischmend als Bruder unter Brüdern der Gemeinschaft durch sein Beispiel wieder die guten alten Sitten bei, *die Einfalt der Lebensweise, und alle die häuslichen und geselligen Tugenden, welche die Grundlage der menschlichen Glückseligkeit sind*[221].

Vordergründig ist *Danischmend* das Bekenntnis zum bescheidenen Glück im kleinen Kreis, die lächelnde Preisgabe aller Wünsche nach Ruhm und Macht. Aber wieder stellte Wieland den skeptischen Idealismus seines Philosophen und die achselzuckende Menschenverachtung der Kalender in vielen Brechungen dar, und die Fußnoten, noch reichhaltiger und raffinierter als im *Goldnen Spiegel*, spiegeln den Text in weiteren Blickwinkeln. Autoren der Weltliteratur und ihre Helden, erfundene Anmerker wie Murrzufflus und P. Onocefalus (Eselskopf) kommentieren den Dialog und einander, tatsächliche Belegstellen wechseln ab mit

Mystifikationen, und selbst der Fußnotenwitz der «taz» erweist sich als schon mal dagewesen – «Der Säzzer» kommt auch im *Danischmend* vor, zwischen Tristram Shandy und Naso macht sich «Der Setzer» Luft.

Zum Regierungsantritt von Herzog Carl August am 3. September 1775 schrieb Wieland eine Kantate, die zur Musik des Kapellmeisters Ernst Wilhelm Wolf aufgeführt wurde – wieder eine der *Hirngeburten, die gemacht sind nur einen Tag zu leben*[222]:

> *Heil Dir, großer Wonnetag!*
> *Unser Jubel, unser Seegen*
> *Schallt Dir im Triumph entgegen;*
> *Unsern Jubel, unsre Wonne*
> *Hallt der ganze Himmel noch.*
> *Heil dir, schönster Sohn der Sonne!*
> *Heil dir, großer Wonnetag!...*
> *Amalia, Dir danken wir*
> *Den großen Wonnetag, die allgemeine Lust!*
> *Du hast den Göttersohn gebohren!*
> *Gebohren unsern Carl August!*[223]

Es gab Gerüchte, er sei in Ungnade gefallen, eine Berliner Berufung war im Gespräch, von der Neuwieder Akademie war wieder die Rede; doch er selbst, jetzt im Ruhestand, ließ wissen, daß *Wieland, ein Mann, der gerne Verse macht, ohne alle Ambition ist, und in häusliches Glück sein höchstes Gut setzt, mit seinem Zustande in Weimar zu wohl zufrieden ist, um diesen Ort anders, als im Tode zu verlassen*[224].

Wielands Haus in Weimar (links) mit Doppelstatue Goethe und Schiller.
Lithographie von Eduard Lobe, um 1850

Essayist und Publizist der Deutschen

38 Jahre lang existierte der *Teutsche Merkur* (der Titel hieß nur bei Band I, Stück 1 *Deutscher Merkur*, ab 1790 dann *Der Neue Teutsche Merkur*). Mindestens 23 Jahre lang war Wieland aktiver Herausgeber und Redakteur, dazu sein fleißigster Mitarbeiter. Im *Merkur* veröffentlichte er als Vorabdruck seine eigenen Werke, auch die *Geschichte der Abderiten* und das romantische Heldengedicht *Oberon*; hier diskutierte er die Literatur seiner Zeit; vor allem aber publizierte er seine Ansichten zu politischen und gesellschaftlichen Fragen, von der Stellung der Frau bis zur Französischen Revolution. In diesen Arbeiten zeigt sich Wieland als Philosoph der bürgerlichen Aufklärung, als Gesellschaftskritiker und deutscher Kosmopolit so unverstellt und schnörkellos, so modern, daß er damit nach rund zweihundert Jahren auch ein Publikum für sich gewinnen kann, dem der artistische Verserzähler oder der anspielungsfrohe Romancier fremd und schwierig erscheint. Wer Wieland heute für sich entdeckt, findet den Zugang fast immer über diese publizistischen Texte, die der *Merkur* ihm abverlangte. Sengle, vor 40 Jahren, sah die Zeitschrift anders: «Es ist kein Zweifel, der ‹Merkur› hat in der Struktur von Wielands Gesamtexistenz eine untergeordnete Funktion. Er soll seinen Ruhm... in greifbare Werte verwandeln, er soll Wielands Namen... in noch weitere Kreise und Gegenden tragen... Es hat viele reine Journalistenunternehmungen gegeben, die mehr Ethos bewiesen als die Zeitschrift dieses Dichters, der zur linken Hand mit dem Journalisten kopuliert war.» [225]

Wieland investierte in den *Merkur* soviel Zeit und Mühe, wie selten für Konkubinen aufgewandt wird – über zwei Jahrzehnte lang war er mit der Zeitschrift doch eher verheiratet, allerdings auf seine Art: zunächst ohne Überschwang und aus vernünftigen Gründen, dann mit wachsender Zuneigung. Auf Beständigkeit war das Unternehmen von vornherein angelegt: *Ich möchte, daß es ein National-Journal und etwas fortdauerndes würde... Nur ein paar Tausend Abonnenten, welche mich in den Stand setzen, theuer einzukauffen (denn die beste Ware ist immer die theurste) oder, um mich edler auszudrücken, meine Mitarbeiter recht wohl zu belohnen, so sollen Sie in kurzem Wunder sehen.* [226]

Die Abonnenten warb er durch sogenannte Collecteure, die jeweils neun feste Bezieher gewinnen und beliefern sollten. Sie zogen – zunächst bei fast zweitausend regelmäßigen Lesern zwischen Riga und Wien, Hamburg und Triest – auch das Bezugsgeld ein; es betrug am Anfang für zwölf Monatshefte, vierteljährlich ausgeliefert, 2 Taler und 12 Groschen. Für seine Arbeit bekam der Collecteur ein Freiexemplar, die Portokosten wurden ihm ersetzt. Wieland selbst war «postfrei», das hieß, er konnte seine Sendungen kostenlos befördern lassen.

So gut bedacht wie das Vertriebssystem waren die Auswahlkriterien für die Mitarbeiter. Im ersten Jahr sollten sie anonym bleiben und bei aller Sachkunde so schreiben, daß sie sich und der Zeitschrift keine Feinde machten: *Empfehlen Sie dem Freunde Schmidt*[227], *daß er soviel möglich seine Manier verbergen, und diejenigen, die er, in eigner Person, langen würde, im Merkur nur mit feiner leichter Plaisanterie abfertigen soll. Ich möchte gerne gründliche Critik, aber nicht schwerfällig; scharf, aber nicht zu beißend; lebhaft aber decent; kurz, reifes Urtheil und guter Ton.*[228] Wieland wollte schließlich eine Publikumszeitschrift machen: *Ich muß mich zuweilen mehr nach dem Geschmack der Leser als nach dem meinigen... richten.*[229]

Er suchte Korrespondenten, die über literarische Ereignisse in England, Italien und der Schweiz berichten sollten; er bat Johann Heinrich Merck um Kritiken und Gleim um Gedichte, forderte Kant zur Mitarbeit auf, wollte von dem Historiker Johann Georg Meusel in Erfurt *Kritische Nachrichten in der historischen Provinz des gelehrten Deutschlands* und diskutierte mit den Brüdern Jacobi, Friedrich Heinrich in Düsseldorf und Johann Georg in Halberstadt, wie die Rezensionen im *Merkur* beschaffen sein sollten. Das alles war normale Redaktionsarbeit, aber eben vor der Erfindung von Schreibmaschine und Computer, von Telefon und Telefax; solange Wieland sie betrieb, blieb seine Klage gleich: *... die Correspondenz, die mir der Mercur aus allen Enden und Ecken zuzieht, ist ungeheuer – alle diese Briefe nur zu lesen, erfordert soviel Zeit, daß wenn ich es thun wollte, mir keine Muße zu irgend einem andern Geschäfte übrig bliebe.*[230]

Viele Briefe waren noch dazu unerfreulich; denn kaum erschien der *Merkur* und hatte einen Verkaufserfolg – die 2500 Exemplare des ersten Bandes waren so rasch vergriffen, daß eine zweite Auflage nötig wurde, und ein Nachdrucker setzte noch mal 2000 Exemplare ab –, da kam von allen Seiten Kritik. Wieland reagierte zunächst unwirsch: *Der Merkur gefällt also nur so ziemlich in Ihren Gegenden, d. i. man zuckt die Achseln dazu und findet nicht was man erwartet hatte. Das ist ja herrlich!... Horaz befindet sich mit drey Gästen, wegen der Verschiedenheit ihres Geschmackes, in Verlegenheit. Wie muß es mir ergehen, der für mehr als 3000 kochen soll?*[231] Das literarische Publikum erwartete von der neuen Zeitschrift eines Dichters, was es in Lessings Literaturbriefen und in der

«Hamburgischen Dramaturgie» gefunden hatte – maßgebliche, unabhängige Kritik ohne die Beckmesserei, die Nicolai in seiner «Allgemeinen deutschen Bibliothek» trieb, tiefgründige Erörterung poetischer und dramaturgischer Themen, eine wegweisende Information für die Gebildeten. Doch Wieland hatte kein Elite-Blatt im Sinn. *Der Merkur – wer fühlte das besser als ich? – ist ein farrago von Sachen, wovon das Beste für Geister, wie Ihr anderen Göthen, Jacobi's, Herder's, Lavater's ... insipid seyn muß. Aber der Merkur soll hauptsächlich unter den mittelmäßigen Leuten sein Glück machen und macht es auch.*[232] Wohlwollend betrachtet, war das ein demokratisches, auch pädagogisches Konzept; kritische Kollegen Wielands erkannten darin nur eine Strategie zum Geldverdienen: «Nicht

> ### Der
> # Teutsche Merkur.
>
> December 1776.
>
> ---
>
> I.
> #### Liebe um Liebe.
>
> ###### Leztes Buch.
>
> Nun seyt den Fall, ihr läget, allein,
> um Mitternacht, auf eurem Lager,
> und wiegtet euch bey Mondesschein
> mit schlafbefördernden Bildern ein;
> auf einmal träte bleich und hager
> ein langer weisser Geist herein,
> mit Leichentüchern über und über
> behangen, sezte sich gegenüber,
> und starrte aus holen Augen voll Gluth,
> die Zähne fletschend, zu euch herüber:
> Wie wär' euch wohl dabey zu Muth?
> Ich wett' euch würde mächtig bange
> ums Herz! Allein gewißlich lange
> so bang als unserm Helden nicht,
> wie er auf einmal, sich nichts versehend,
> Jelängerjelieber vor seinem Gesicht
> in ihrer ganzen Größe stehend
> erblickt. — Und gleichwohl zeigte sie sich
> nichts weniger als gespensterlich.
> Kein Engel hätt' in einer mildern
> holdern, gefälligern Gestalt
> T. M. Dec. 1776.   N   erscheis

Titelblatt von «Der Teutsche Merkur», Dezember 1776. Titelkupfer «Desiderius Erasmus», gestochen von Georg Christoph Schmidt nach einer Zeichnung von Georg Melchior Kraus

ohne Bedauern sehe ich, was für eine schlechte Rolle Wieland, unser bester Kopf, zu spielen anfängt. Der stolze Geist erniedrigt sich und thut kläglich vor einem Publico, das er im Herzen verachtet, nur damit sein Gewinn am Merkur nicht geschmälert werde. Das nenne ich tief sinken.»[233]

Daß Wieland als Rezensent nicht scharf genug war, nahmen ihm auch seine Freunde übel – vor allem, wenn sie oder die Ihren selbst betroffen waren: Wieland hatte im *Merkur* Friedrich Nicolais Roman «Das Leben und die Meinungen des Herrn Magister Sebaldus Nothanker» gelobt und nicht gemerkt oder nicht merken wollen, daß darin Georg Jacobi als empfindsamer Schöngeist Säugling satirisch porträtiert war. Darüber ärgerte sich Georgs Bruder Fritz Jacobi: «Um des Himmels willen, mein liebster Wieland, wir sind doch wohl nicht dazu berufen, das tausendjährige Reich zu stiften? Unser Merkur ist kein allgemeines kritisches Journal, und wir brauchen uns durch Tadeln keine Feinde zu machen; aber warum soll er ein Complimenten-Magazin, ein Landhaus seyn, worin man allen vorbei reitenden und fahrenden Bekanntschaften einen angenehmen Tag macht?»[234] Nun waren sich Nicolai und Wieland anläßlich der Uraufführung von *Alceste* begegnet und hatten einander weniger unsympathisch gefunden, als das nach früheren Meinungsverschiedenheiten zwischen Kunstrichter und Dichter zu erwarten gewesen wäre. Doch den Vorwurf einer Gefälligkeitsrezension wies Wieland von sich: *M. Sebaldus ist in meinen Augen ein sehr schätzbares Buch, und so finden es alle Leute, die ich weit und breit kenne... In meinen Augen ist es lächerlich, wenn Georg Jacobi's Freunde sagen: Säugling ist ein Pasquill auf G. J.*[235]

Johann Wolfgang von Goethe (1749–1832).
Ölgemälde von Georg Oswald May, 1779

Christoph Martin Wieland. Ölgemälde von Georg Oswald May, 1779

Auch Lessing, Herder und Goethe lobten den «Sebaldus Nothanker». Nicolais Persiflage «Die Freuden des jungen Werthers» fand zwei Jahre später weniger Zustimmung, und Wieland spottete: *Herr N. hat... dem Publikum bloß ein kleines Digestivpülverchen eingeben wollen, um den Folgen der Unverdaulichkeit zuvorzukommen, welche sich manche... durch allzugieriges Verschlingen der Werke des Hrn. G. zugezogen haben möchten.* Dann erklärte er sein Verhältnis zum Autor: *Hr. N. ist nie mein*

Freund gewesen; in seiner Bibliothek bin ich fast immer schief angeklozt, oft muthwillig mißhandelt, und nicht ein einzigmal... durchaus unpartheyisch beurtheilt worden. Dennoch rezensiere er, Wieland, nach Verdienst.[236] Nicolai verlangte, daß diese Vorwürfe im *Merkur* zurückgenommen würden; Wieland weigerte sich, und es entspann sich eine längere Fehde.

Über literarische Kritik hat Wieland, oft genug ihr Opfer, gründlich nachgedacht. *Die meisten Kritikaster leben von ihrem Handwerk, und die hündische Art, womit sie Schriftsteller anfallen ist das einzige was ihnen noch Leser verschaft, weil die litterarischen Hatzen dem gelehrten Pöbel ungefehr ein eben so angenehmes Schauspiel geben, als die Bären und Wildochsen-Hatzen den Badauds von Wien.*[237] Die *Merkur*-Rubrik *Revision parteiischer, unbilliger und schiefer Urteile, welche über merkwürdige Bücher öffentlich gefällt werden* war so gemeint, wie sie hieß – hier konnten mißhandelte Autoren Gerechtigkeit finden.

Wie souverän Wieland als Publizist mit seinen Kritikern umging, erfuhr der junge Goethe. In seiner Farce «Götter, Helden und Wieland» hatte der Fünfundzwanzigjährige sich über Wielands allegorisches Singspiel *Die Wahl des Herkules* lustig gemacht, eine Festdichtung zum Geburtstag des jungen Herzogs. Goethe ließ Wieland durch seinen Herkules verspotten: «Hättest du nicht so lange unter der Knechtschaft deiner Sittenlehre geseufzt, es hätte noch was aus dir werden können; denn jetzt hängen dir immer noch die schalen Ideale an. Kannst nicht verdauen, daß ein Halbgott sich betrinkt und ein Flegel ist, seiner Gottheit unbeschadet? Und Wunder meinst, wie du einen Kerl prostituiert hättest, wenn du ihn untern Tisch oder zum Mädel auf die Streu bringst! Weil eure Hochwürden das nicht Wort haben wollen.»[238] Wieland antwortete im *Merkur*: *Wir empfehlen diese kleine Schrift allen Liebhabern der pasquinischen Manier als ein Meisterstück von Persiflage und sophistischem Witze, der sich aus allen möglichen Standpunkten sorgfältig denjenigen auswählt, aus dem ihm der Gegenstand schief vorkommen muß, und sich dann recht herzlich lustig darüber macht, daß das Ding so schief ist.*[239] Er verteidigte auch den «Götz von Berlichingen» gegen eine Kritik im eigenen Blatt und stellte in dieser *Revision* klar: *Ferne sei es also von mir, daß ich den Verfasser des Götz von Berlichingen... durch diese kleine Apologie bestechen wollte, meiner zu schonen, wenn es ihm einmal wieder einfallen sollte, in einem Anstoß von Laune sich lustig mit mir zu machen!*[240]

Das war keine Taktik – Wieland konnte damals noch nicht wissen, daß der junge Frankfurter bald an den Hof von Weimar geholt werden sollte. Er erkannte Goethes Genie (wie später das von Heinrich von Kleist[241]) und sah im Vergleich dazu das eigene Talent selbstkritisch: *Wiewohl ich fühle, daß ich nicht verdiene, mißhandelt und preisgegeben zu werden, so fühle ich doch auch, daß ich kein großer Mann bin. Ich verlange auch nicht zu seyn, wozu mich die Natur nicht gemacht hat.*[242] Die Goethe-Schwär-

Johann Heinrich Merck (1741–91).
Stich nach einem Ölgemälde von Johann Ludwig Strecker, 1770

merei von Sophie La Roche und den Brüdern Jacobi empfand er allerdings als eine Art Verrat, bis er Goethe im November 1775 selbst kennenlernte und ebenfalls ins Schwärmen geriet: *Wie verliebt ich in ihn wurde, da ich an der Seite des herrlichen Jünglings zu Tische saß... Seit dem heutigen Morgen ist meine Seele so voll von Göthen wie ein Tautropfen von der Morgensonne.*[243] Goethe bezauberte damals alle Sensiblen mit beweglichem Geist. Er war gern bei Wieland zu Gast, zeichnete ihn, machte Scherenschnitte von seiner Frau und suchte in dem lebhaften Haushalt

Trost, wenn Frau von Stein ihn wieder einmal auf ein Billett oder eine Einladung warten ließ. Später kühlte sich das Verhältnis ab, doch es behielt immer die freundschaftliche Basis. Aber auch in den besten Zeiten schrieb Goethe – wie Schiller, Kant, die Brüder August Wilhelm und Friedrich Schlegel, der Arzt Christian Gottlieb Hufeland und andere gesuchte Autoren – nur selten für den «Sau Merkur»[244].

Wielands prominentester langjähriger Mitarbeiter war Johann Heinrich Merck, der schon für die «Frankfurter Gelehrten Anzeigen» und die «Allgemeine deutsche Bibliothek» rezensiert hatte. Sein gefürchtetes scharfes Urteil kam Wieland zuweilen recht gelegen: *Ihr löbliches Vorhaben, sich künftig im Merkur aufs Loben zu legen i. e. uns Freunde mit dem ungerechten Mammon zu machen, hat aus 20 physico-politico-ethico-ökonomico-Merkurialischen Ursachen und Gründen meinen großen Beyfall. Aber dann und wann eine Execution... ist höchst nöthig, weil das l. Publicum von Zeit zu Zeit gerne jemand hängen oder Köpfen sieht; secundo, weil wir uns dadurch im Besitz unserer hohen Gerichtsbarkeit erhalten. Und eben darum müßen solche Executionen selten... aber wenn sie geschehen, desto feyerlicher und exemplarischer seyn.*[245]

Als Merck das Interesse an der Literatur verlor und sich den Naturwissenschaften zuwandte, ersetzte Wieland ihn durch thüringische Theologen und Autoren wie Christian Joseph Jagemann, den Bibliothekar von Anna Amalia, und Friedrich Schulz, Romancier und Übersetzer, der Augenzeuge der Französischen Revolution wurde. Der betriebsame Schulz war in manchem ein schrecklicher Vereinfacher: Aus dem Romanfragment «La Vie de Marianne» von Pierre Carlet de Marivaux machte er den Roman «Josephe» und erklärte: «Diese Josephe ist aus der Marianne des Herrn von Marivaux entstanden, und wird in zwey Bändchen alles enthalten, was Marianne that und litt, statt daß ihr Schöpfer vier Bände brauchte, wie er auch, dem Genius seiner Nation zu gefallen, was sie dabey sagte, aufzeichnen zu müssen glaubte.»[246] Über Philosophie schrieb vor allem der Kantianer Karl Leonhard Reinhold, der 1785 Wielands älteste Tochter Sophie heiratete. Die Brüder Jacobi waren als Mitarbeiter nicht zuverlässig, Johann Georg gab noch dazu seine eigene Zeitschrift «Iris» heraus.

Daß der *Merkur* sich trotz seines unbeständigen und mittelmäßigen Autorenteams halten konnte[247], verdankte er den Einfällen seines Herausgebers. Wenn die Manuskripte verspätet und noch dazu so spärlich eintrafen, daß keine Auswahl möglich war, dann versah Wieland sie bei der Korrektur mit Anmerkungen, die für das Publikum vergnüglich zu lesen waren, weil sie Diskussionsmaterial boten. Dem gleichen Zweck dienten Briefe an den Herausgeber, die er nicht selten selber schrieb. Er ließ die Zeitschrift mit Porträts von Autoren der Vergangenheit bebildern; Johann Heinrich Lips, der Illustrator von Lavaters «Physiognomischen Fragmenten», machte die ersten Stiche von Sebastian Brant und

Karl Leonhard Reinhold (1757–1823).
Pastellporträt von Peter Copmann, um 1821

Ulrich von Hutten. Er nahm auch Lieder mit Texten und Noten auf, um
*den Merkur... für die weibliche Hälfte der Leser interessanter zu machen.
Und warum nicht auch für die Männliche?*[248]

Welche Beiträge von Wieland stammten, war nicht immer zu erkennen,
denn auch andere zeichneten ihre Artikel mit W., während er zuweilen als
H. oder d. H. (= der Herausgeber) signierte und – bei Verlegenheitsartikeln und Seitenfüllern – Pseudonyme benutzte oder anonym blieb.[249] Er
befaßte sich mit allem, was er mitteilenswert fand, und wo er sich nicht
auskannte, machte er sich kundig, für die *Nachricht von einer neuen Rechen-Maschine von Philipp Hahn*[250] ebenso wie für eine mehrteilige Auseinandersetzung mit den Luftschiffahrtsexperimenten der Franzosen.
Seiner Abhandlung über *Die Aeronauten oder Fortgesetzte Nachrichten
von den Versuchen mit der Aerostatischen Kugel*[251] gab er 1797 einen Zusatz mit dem für die Rüstungspolitik prophetischen Schluß: *Gewiß ist,
daß der ausschließliche Besitz einer solchen Luftmarine die Französische*

Republik dem ganzen Erdboden so gefährlich machen würde, daß dieser einzige Grund die sämmtlichen übrigen Mächte in die unumgängliche Notwendigkeit setzen müßte, alle ihre Kräfte zu gänzlicher Zerstörung derselben zu vereinigen.[252]

In den literarischen Porträts für den *Merkur* stellte Wieland auch schreibende Frauen vor. Er veröffentlichte *Verzeichniß und Nachrichten von Französischen Schriftstellerinnen*[253] und würdigte in seinen *Litterarischen Miscellaneen* neben Margarete von Valois[254] die frühe Bestseller-Autorin Christine de Pisan[255], die sich durch Schreiben ernährte und deren «Buch von der Stadt der Frauen» nach über 400 Jahren als feministische Lektüre wiederentdeckt wird.[256] Wieland nahm die Werke der Frauen so ernst wie die der Männer, und wenn er dazu noch beschrieb, daß Christine schön war, geschah das aus Freude über die Harmonie von Äußerem und Innenleben. Der Aufklärer wollte, daß es auch durch den *Merkur* im Ganzen heller werde. Zu diesem Zweck schrieb er seine bemerkenswerten politischen und gesellschaftskritischen Essays, die unter verschnörkelten Überschriften noch immer schlagende Argumente für Vernunft, Humanität und die evolutionäre Veränderung der Gesellschaft liefern. *Über die Rechte und Pflichten der Schriftsteller in Absicht ihrer Nachrichten, Bemerkungen und Urtheile über Nationen, Regierungen und andere politische Gegenstände*[257] zum Beispiel war ein Plädoyer für die Pressefreiheit: *Freyheit der Presse ist Angelegenheit und Interesse des ganzen Menschengeschlechtes... Man raube uns diese Freyheit, so wird das Licht, dessen wir uns gegenwärtig erfreuen, bald wieder verschwinden; Unwissenheit wird bald wieder in Dummheit ausarten, und Dummheit uns wieder dem Aberglauben und dem Despotismus Preis geben... und wer sich dann erkühnen wird Wahrheiten zu sagen, an deren Verheimlichung den Unterdrückern der Menschheit gelegen ist, wird ein Ketzer und Aufrührer heißen, und als ein Verbrecher bestraft werden.*[258]

Manche Erörterungen kleidete Wieland mit seinem sicheren Gefühl für die richtige, nämlich die wirksamste Form in Dialoge. Über *Die Universal-Demokratie*[259] ließ er zwei Männer namens Frankgall und Holger diskutieren, also einen Franzosen und einen Deutschen; nach einigem Für und Wider einigen sie sich darauf, daß die momentan beste Staatsform die konstitutionelle Monarchie nach britischem Vorbild sei. Der realistische Frankgall schlägt einige Modifikationen vor, die auf geringeren Einfluß des Königs hinauslaufen; der naivere, aber idealistischere Holger fordert einen Volksentscheid vor Kriegserklärungen: *Die Billigkeit, daß die Nation zu einer sie so nahe betreffenden Sache auch ein Wort zu reden habe, leuchtet, hoffentlich, von selbst in die Augen –.*[260] Wieland betrachtete die Probleme aus der Sicht seiner Zeit, aber er dachte sie zu Ende.

Der urban gewordene Schwabe sprach sich für bürgerlichen Liberalismus und für ein Weltbürgertum aus, das er in dem Aufsatz *Das Geheimniss des Kosmopoliten-Ordens*[261] erläuterte. Darin heißt es über die Weltbürger: *...sie betrachten alle Völker des Erdbodens als eben so viele Zweige einer einzigen Familie, und das Universum als einen Staat, worin sie mit unzähligen andern vernünftigen Wesen Bürger sind, um unter allgemeinen Naturgesetzen die Vollkommenheit des Ganzen zu befördern, indem jedes nach seiner besondern Art und Weise für seinen eigenen Wohlstand geschäftig ist.*[262] Die Gemeinschaft ohne Statuten, Hierarchie und Riten hat den Zweck: *Die Summe der Übel, welche die Menschheit drücken, so viel ihnen ohne selbst Unheil anzurichten möglich ist, zu vermindern, und die Summe des Guten in der Welt, nach ihrem besten Vermögen zu vermehren.*[263] Dazu bedarf es der Vernunft und der *Tugend*, definiert als hoher Grad von Tauglichkeit, zu dem die individuellen Anlagen durch *Übung, Fleiß, Anstrengung und Beharrung*[264] entwickelt wurden. Der Kosmopolit ist kein Patriot und kein Staatsbeamter, denn: *Er meint es wohl mit seiner Nazion; aber er meint es eben so wohl mit allen andern, und ist unfähig, den Wohlstand, den Ruhm und die Größe seines Vaterlandes auf absichtliche Übervortheilung und Unterdrückung anderer Staaten gründen zu wollen.*[265] Ebensowenig ist er ein Revolutionär; er verabscheut die Gewalt, weil er davon überzeugt ist: *Daß in der moralischen Ordnung der Dinge (wie in der fysischen) alle Bildung, alles Wachsthum, alle Fortschritte zur Vollkommenheit, durch natürliche, sanfte, und von Moment zu Moment unmerkliche Bewegung, Nahrung und Entwicklung veranstaltet und zu Stande gebracht werden muß.*[266]

Vernunft heißt das Schlüsselwort in diesem politischen Credo von 1788. Es behielt seine Bedeutung auch im Jahr darauf und danach, als Wieland bei dem *höchst interessanten und in seiner Art einzigen großen Drama* der Französischen Revolution zu den *aufmerksamsten und wärmsten Zuschauern* gehörte. Die Funktion des Leitartikels übernahmen im *Merkur* Dialoge, fiktive Briefe oder Reden wie die *Kosmopolitische Adresse an die Französische Nazionalversammlung von Eleutherius Filoceltes* im Oktober 1789.[267] Wieland meldete seine Bedenken gegen die Demokratie an: *Es ist lächerlich von der Majestät des Volks zu faseln. Die wahre Majestät... liegt in dem Gesetze, welches nicht der allgemeine Wille des Volks, sondern der Ausspruch der allgemeinen Vernunft ist... Aber das Gesetz kann sich nicht selbst handhaben; nur durch die vollziehende Macht wirkt es das was es wirken soll. Es ist also nichts nöthiger, als der vollziehenden Macht... die Majestät ohne Widerspruch einzuräumen. Das Volk muß keinen Begriff davon haben, daß man sich ihr widersetzen dürfe; und Unordnung, Frechheit, wilde Gewaltthätigkeit, allgemeine Anarchie sind die Folgen davon, wenn man unvorsichtig genug ist, diesen Talisman zu zerbrechen.*[268] Ein kluger König und ein Gesetz, das den Bedürfnissen des Volkes entspricht, die konstitutionelle Monarchie also bleibt sein *vernünftiges* Konzept gegen Despotismus auf der einen und chaotische Herrschaft des Pöbels auf der anderen Seite. Bei allen Schwankungen gegenüber den Ereignissen in Frankreich hielt Wieland daran fest.

Kontrakt zwischen C. M. Wieland, F. J. Bertuch und der C. L. Hoffmannschen Buchhandlung, den Vertrieb des «Teutschen Merkur» betreffend, 1783

Als dann abzusehen war, daß diese Regierungsform mit Ludwig XVI. nicht zu verwirklichen war, räumte er ein, *wenn Frankreich zuletzt doch eines von beiden, Monarchie oder Republik sein müßte, so ist es wahrl. besser, daß Einer umkomme, als daß das ganze Volk verderbe*[269]. Das Blutbad, das die Jakobiner anrichteten, empörte ihn, aber: *Mein Trost bey allem diesem ist, daß das mannichfaltige Gute, das die Französische Revolution mitten unter den gräßlichsten Ausbrüchen des aristokratischen und democratischen Fanatismus und aller übelthätigen Leidenschaften, in Bewegung gebracht hat, für die Menschheit nicht verloren gehen, sondern nach und nach, im Stillen... tausendfältige Früchte tragen wird.*[270]

Keine deutsche Publikumszeitschrift berichtete ausführlicher über die Revolution als der *Merkur*. Nicht nur die Intellektuellen wie Schiller und Hölderlin bezogen daraus ihre Informationen; auch der Seiler Christian Benjamin Geißler, der revolutionäre Aufrufe zur Entmachtung des Adels und zu Aktionen gegen die sächsische Landesregierung verfaßt hatte und am 10. Juli 1790 verhaftet worden war, erklärte vor Gericht, daß er durch den *Teutschen Merkur* und sonst nur durch Gerüchte erfahren habe, was jenseits des Rheins geschah.[271]

Nach 1794 kam das Thema in der Zeitschrift seltener vor. Doch vier Jahre später, als in Frankreich das Direktorium regierte, veröffentlichte Wieland im *Merkur* seine zwölf *Gespräche unter vier Augen*[272] über Fragen, die durch die Revolution aufgeworfen worden waren. Schon im zweiten Dialog zwischen Heribert und Willibald geht es um einen starken Mann an der Spitze der Republik, der, wenn er schon kein König sein darf, zum Diktator gewählt werden könnte. Willibald beschreibt seinen Wunschkandidaten als jungen Mann *von großem hohem Geist, von den größten Talenten im Krieg und Frieden, von unermüdlicher Thätigkeit… einfach und prunklos in seiner Lebensart … kein eigentlicher Franzose*, und Heribert errät: *Buonaparte also? … Buonaparte Diktator der großen Nazion! Der Vorschlag hat etwas Einleuchtendes.*[273] Der Band mit den *Gesprächen unter vier Augen* wurde von der Wiener Zensur verboten und von Goethe verspottet – doch ein Jahr später war Napoleon Erster Konsul und 1804 Kaiser der Franzosen.

Wieland hatte nie ein Geheimnis daraus gemacht, daß er mit dem *Merkur* auch Geld verdienen wollte. *Ich bin Hausvater und habe inclusive sieben holde Kinder… täglich sechzehn Mäuler und Mägen zu versorgen. Bey einem solchen Amte darf man wahrlich die Hände auch nicht in den Sack stecken, und der ehrliche Merkur spielt… dabey keine kleine Rolle.*[274] Die Zahl der Mäuler und Mägen wuchs[275], aber der *Merkur* brachte immer weniger ein: 1782 hatte er 1500 Abonnenten, 1788 1200, 1789 800; es ging weiter abwärts, und Wieland verlor das Interesse. Er beschäftigte sich zunehmend mit der Antike und gründete dafür 1796 ein eigenes Blatt, das *Attische Museum*. Die Redaktion des *Merkur* überließ er dem Weimarer Philologen Carl August Böttiger, der ab 1799 auch als Herausgeber zeichnete. Acht Jahre später kam die Zeitschrift in die roten Zahlen, und 1810 mußte sie eingestellt werden. Der Gründer weinte dem *Merkur* keine Träne nach: *Bestatten wir ihn sine lux et crux und ohne ihm noch eine de- und wehmütige Leichenrede zu halten.*[276]

Das Attische Museum verlegte Wielands Schwiegersohn[277] Heinrich Geßner, der Sohn seines verstorbenen Freundes Salomon. Es erschien bis 1803 und veröffentlichte in Folgen den Roman *Agathodämon* und, wie sein Nachfolger, *Das Neue Attische Museum* von 1805 bis 1809, die Übersetzungen antiker Autoren. Der Journalist Wieland meldete sich nicht mehr zu Wort.

Vater Wielands Wunderdinge

«Die Zeitgenossen nannten den Urheber [von *Aristipp*] Vater Wieland, wie sie Haydn Papa Haydn titulierten, und unter dem Schutz zutäppischen Schulterklopfens vollbrachten die alten Kracher Wunderdinge.»[278] Wieland war erst 41 Jahre alt, als der dreizehn Jahre jüngere Wilhelm Heinse ihn so titulierte[279]; allerdings war er Pensionär und vierfacher Papa dazu. Doch aufs Altenteil hatte er sich noch längst nicht zurückgezogen; neben der journalistischen Arbeit ging seine schriftstellerische Entwicklung weiter: Er wandte sich neuen Stoffen, neuen Themen zu, fand neue Formen und überschritt Grenzen, auch solche der literaturgeschichtlichen Epochen: Nach Rokoko und Aufklärung zollte er nun der Klassik Tribut. Im europäischen Gesamtzusammenhang der Periode ordnete ihn Sengle so ein: «...neben den Iphigeniendichter als den deutschen Racine und Lessing als den deutschen Molière tritt Wieland als der deutsche Cervantes und Ariost»[280] – mit den *Abderiten* und *Oberon*, zwei der «Wunderdinge», die «Vater Wieland» in der entspannteren, von Ämterehrgeiz und finanziellen Sorgen einigermaßen freien zweiten Lebenshälfte schrieb.

Er schrieb sie übrigens im Wortsinn, er diktierte nie, wie Goethe es tat: *Die Art, wie ich arbeite, ist ungefähr der Arbeit eines Zeichners ähnlich, der nur immer Linien und Striche hinkritzelt, immer mit seinem Brote wegwischt, immer zusetzt und endlich doch etwas ganz Leidliches hervorgehn läßt. Sowie ich etwas aus mir selbst producire, so schreibe ich gleich aufs Papier. Aber mein Gedanke bildet und formt sich erst, indem ich ihn drei-, viermal und noch öfter umkehre, ausstreiche, drehe, wende... Darum muß ich auch meine Augen mit möglichster Sorgfalt schonen, weil ich durchaus nicht mich in diesem Alter ans Dictiren gewöhnen könnte. Wer dictirt, muß schon Alles vor sich in der Seele feststehn haben.*[281]

Den Narrenroman *Die Abderiten, eine sehr wahrscheinliche Geschichte* schrieb er mit längeren Unterbrechungen von Herbst 1773 bis 1780. *Die Abderiten entstanden in einer Stunde des Unmuths, wie ich von meinem Mansardenfenster herab die ganze Welt voll Koth und Unrath erblickte und mich an ihr zu rächen entschloß.*[282] Der Grund des Unmuts ist am ehesten in einer *Hofmishandlung*²⁸³ zu suchen, verschlimmert durch die immer wiederkehrende Befürchtung des Arbeitsamen, seine Kreativität sei versiegt: *Alles Feuer meines Geistes schien erloschen, alle meine Laune, gleich einem flüchtigen Salze, verduftet zu seyn*²⁸⁴, er fühlte sich dumm ohne den Trost der Dummen, die Selbstzufriedenheit – und begann eine Satire auf die selbstgefälligen Narren. Er siedelte sie in einer antiken Republik an und zeigte in den ersten drei Büchern, daß auch verständige Männer – der weitgereiste Philosoph Demokrit, der Arzt Hippokrates und der Dichter Euripides – gegen die Beschränktheit der Toren nichts ausrichten können. Im vierten Buch geht es um einen Rechtsstreit, der immer noch belletristisch unbelesene Juristen zu Diskussionen verlocken kann: Hat der Mieter eines Esels auch Anspruch auf dessen Schatten, oder muß er die zusätzliche Nutzung des Reittiers zusätzlich vergüten? Schließlich wird die Republik ein Opfer ihrer Religion und der Profitgier ihrer Priester: Die heiliggesprochenen Frösche der Latona vermehren sich so, daß die Abderiten ihre Heimat verlassen müssen.

Wer heute diesen Roman über die Spießbürger liest, hat höchstens zu Beginn ein paar Schwierigkeiten: Die antike Einkleidung, die aneinandergereihten Beispiel-Episoden und der allzu lehrhafte Kontrast zwischen dem weisen Demokrit und den törichten Abderiten erschweren den Einstieg. Aber mit jedem Buch wächst das Vergnügen, wie beim Autor wohl die Lust am komödiantischen und possenhaften Erzählen wuchs. Immer wieder fallen einem zu den Abderiten-Streichen Parallelen aus der Realität ein, und so ging es den Lesern der *sehr wahrscheinlichen Geschichte* von Anfang an: <u>Die Biberacher glaubten, sie seien gemeint</u>, und identifizierten die politisch einflußreiche Frau Salabanda²⁸⁵, die in Abdera machte, was sie wollte, sogleich als Sophie La Roches Schwester Cateau von Hillern. Die Mannheimer erkannten ihren wasserlosen Brunnen auf dem Marktplatz wieder²⁸⁶, und auch die Leipziger und Erfurter stellten Ähnlichkeiten mit sich selber fest. Das alles sprach nur dafür, daß Wieland die Narreteien auf der Bühne des Welttheaters genau beobachtet und so umgesetzt hatte, daß er einen Nerv traf. *Man kann nicht sagen, hier ist Abdera, oder da ist Abdera! Abdera ist allenthalben, und – wir sind gewissermaßen alle da zu Hause.*²⁸⁷

Wieland gehörte nicht zu den Autoren, die mit buchhalterischer Genauigkeit Fakten notieren und daraus Satiren basteln. Er nahm das Material für seinen Roman aus dem, was er kannte – woraus sonst? –, und vertraute darauf, daß sein Gedächtnis die Erfahrungen so gefiltert und der Realität entfremdet hätte, daß sie im Verein mit der Phantasie zu neuen Ereignissen würden. Zum Beispiel kam ihm ein schlechtes Drama «Niobe» in den Sinn, und er verspottete es im dritten Buch der *Abderiten* als ein mieses Erzeugnis des Paraspasmus. Doch Maler Müller hatte tatsächlich ein solches Stück als *ungenießbares Kind seiner Phantasie zur Welt gebracht*, Wieland hatte davon gewußt und versucht, *es absichtlich zu*

Illustration zur «Geschichte der Abderiten», 1795. Kupferstich von Johann Heinrich Lips nach einer Zeichnung von Johann Heinrich Ramberg

vergessen[288], und das war ihm nur unvollkommen gelungen. *Man schrieb mir's und ich gab mir alle mögliche Mühe, ihm wenigstens zu beweisen, daß ich ihn nicht habe kränken wollen. Überhaupt hat mir in diesem Falle mein Gedächtniß oft böse Streiche gespielt. Ich behalte die Sache und ver-*

gesse die Namen, halte die Sache für meine Erfindung, brauche sie als die meinige und finde am Ende, daß es eine Reminiscenz gewesen, die der Deutungssucht einen offenen Spielraum gewähre.[289]

Die Arbeit an den *Abderiten* unterbrach Wieland für eine Reihe von Verserzählungen, die jetzt einfacher im Ton, volksliedhafter waren. Für *Geron den Adelichen*, eine Liebestragödie nach französischem Vorbild über einen Ritter von der Tafelrunde des Königs Artus, verzichtete er sogar ganz auf die Gesellschaftssprache seiner Zeit und orientierte sich am Mittelhochdeutschen: *Geron der Adelich... ist in Holzschnitt-Manier, in Jamben ohne Reimen, simpel und etwas hart, auch mitunter etwas steif, aber doch... kräftig gearbeitet.*[290] Gottfried August Bürger beglückwünschte den Kollegen: «...ist denn Ihres poetischen Reichthums gar kein Ende? Alle Tage, die Gott werden läßt, stolzieren Sie ja in einem neuen Feyer Kleide und jedes ist Ihr eigenes... Hätte so was ein Franzos gesungen, so würden alle Himmel und aller Himmel Himmel von Jubelgeschrey wiederhallen. O Teütschland! Teütschland! – Aber... Es wird eine Zeit kommen, wo wir minder gelehrt, aber desto weiser seyn werden.»[291]

Die Zeit der Hochschätzung für dieses Werk kam – und ging: Nach Sengles Recherchen war 1949 «die Versnovelle wohl das einzige Werk, das in der bisherigen deutschen Literaturgeschichte vollkommene Anerkennung genoß. Hier fand man endlich den tragischen Ernst, nach dem man dürstete.»[292] In neuen Literaturgeschichten und -lexika kommt *Geron* nicht mehr vor.

Auch das Singspiel *Rosamund*, von Wieland als zweite Oper (nach *Alceste*) konzipiert, ist vergessen und wird hier nur charakterisiert, weil es die selbsteingestandenen Grenzen des Vielseitigen zeigt. Den häufig behandelten Stoff fand er in der englischen Geschichte: Rosamunde, die Geliebte des Königs Heinrich II. von England, wurde von der eifersüchtigen Königin Elinor ermordet. Bei Wieland scheitert der erste Anschlag mit Gift, doch als Heinrich daraufhin die Königin verstößt und Rosamunde zu seiner Frau machen will, erdolcht Elinor die Rivalin bei der Zeremonie. Das Werk mit Schweitzers Musik sollte in Mannheim uraufgeführt werden, und Wieland bat um Verschiebung des Termins, weil er von Friedrich Heinrich Jacobi und Goethe scharfe Kritik gehört hatte. Er gab zu: *Meine Rosamunde ist ein dummes Ding, das weder gedruckt, noch anderswo als etwan in Gotha oder Weimar aufgeführt werden kan und darf. Nach dieser letzten mißlungenen Probe erkenne und bekenne ich vor Gott und Menschen, daß ich weder Sinn, noch Talent für dramatische Composition habe.*[293] Nach der Umarbeitung wurde die Premiere auf den 11. Januar 1778 festgesetzt, Wieland reiste dazu nach Mannheim, aber *Rosamund* schien vom Pech verfolgt: Der bayerische Kurfürst Maximilian III. Joseph starb, und wegen der Hoftrauer in der Residenz seines Nachfolgers Carl Theodor mußte die Aufführung ins Jahr darauf verschoben

Christoph Martin Wieland. Gipsbüste von Martin Gottlieb Klauer, 1781

werden. Mozart hatte eine Probe gehört: «... sie ist – gut, aber sonst (nichts); denn wenn sie schlecht wäre, so könnte man sie ja nicht aufführen? – gleichwie man nicht schlafen kan, ohne in einem Bett zu liegen!»[294]
Die Begegnung mit dem vierundvierzigjährigen Dichter gab dem jungen

Musiker Stoff für ein nicht allzu liebenswürdiges Porträt: «Eine ziemlich kindische Stimme; ein beständiges gläselgucken, eine gewisse gelehrte grobheit, und doch zuweilen eine dumme herablassung... er hat einen defect in der Zunge, vermög er ganz sachte redet, und nicht 6 worte sagen kann, ohne einzuhalten...»[295] Beide ahnten nicht, daß sie einmal indirekt aus Anlaß einer Oper miteinander zu tun bekämen: Das Märchen *Lulu oder die Zauberflöte* aus Wielands Märchensammlung *Dschinnistan* gehörte zu den wesentlichen Vorlagen, nach denen Emanuel Schikaneder das Libretto zur 1791 uraufgeführten «Zauberflöte» schrieb.[296]

Die *dramatische Composition* also war Wielands Sache nicht, ebensowenig war es die Lyrik im heutigen Sinn. Goethe und Matthias Claudius schrieben zu seiner Lebenszeit Gedichte, die in ihrem ganz eigenen Ton immer noch unmittelbar sinnlich auf den Leser wirken. Wieland verstand sich auf die Poesie, die im Wortsinn «das Machen» heißt – er verfertigte mit technischer Virtuosität und großem Kunstverstand Verse, die Geschichten und Reflexionen über diese Geschichten mit literarischen Anspielungen und ironischen Brechungen enthalten. Diese Formel gilt bei all ihrer Vereinfachung auch für den *Oberon*, sein letztes großes Versepos, das im 19. Jahrhundert als sein repräsentatives Werk galt. Goethe schickte ihm dafür einen Lorbeerkranz[297] und urteilte: «Es ist ein schäzbaar Werck für Kinder und Kenner, so was macht ihm niemand nach... Es sezt eine unsägliche Übung voraus, und ist mit einem grosen Dichter Verstand, Wahrheit der Characktere, der Empfindungen, der Beschreibungen, der Folge der Dinge, und Lüge der Formen, Begebenheiten, Mährgen Frazzen, und Plattheiten zusammen gewoben, dass es an ihm nicht liegt wenn es nicht unterhält und vergnügt.»[298]

Auch Herder, zuvor ein scharfer Kritiker des Shakespeare-Übersetzers und Rokoko-Dichters, pries die neue Arbeit des Kollegen. Seit er (von 1776 an) als Hofprediger in Weimar lebte und freundschaftlichen Umgang mit der Familie Wieland pflegte, sah er den einst als Schöpfr von «sinesischen Kaminpuppen neuesten Geschmacks und... Sofagemälden voll ungriechischer und wahrhaft undeutscher Sitten»[299] Getadelten sowieso in milderem Licht. Schon beim ersten Besuch schied er «mit dem Eindruck... ihm auf der Welt nichts mehr übelzunehmen, so ein schwacher, guter Märchenträumer ist er persönlich. Er ist in nichts hassens-, eher mitleidswürdig in seinem Gespinste, das zu seinem Wesen, seiner Haushaltung, seinem schwachen Nervenbau... gehört.»[300] Jetzt rühmte er Wielands *Oberon* als ein Gedicht, «das seinen besten Trotz bietet; es ist voll Reife seines Alters, zugleich mit aller reinen Blüthe seiner Jugend belebt, voll Weisheit u. Moral im Plan, wie in der Versification das Einzige... in D[eutscher] Sprache. Er hat lange geruht zu dieser wirklich schönen Blume u. man verzeiht ihm darüber viele Jahre.»[301] Wieland erwartete solches und noch weit mehr Lob. Schließlich hatte er *sehr con amore und mit Vergilianischem Fleiße* an dem Epos gearbeitet, *manchen süßen Tag,*

113

und manche saure Stunde[302] *dabei gehabt und alles andere, auch seine Briefpartner, vernachlässigt über den Schwierigkeiten, die nur blos im Mechanismus meiner achtzeiligen Strophen liegen, und in der Natur des Iamben, und in der verhältnißmäßig geringen Anzahl unserer Reime – die Schwierigkeit, aus einem so spröden Leim gerade das Bild, das ich haben will, herauszufingern, und ihm die Rundung und das fini zu geben, ohne welches ich keine Freude daran haben kann, ist oft unsäglich. Ich kann Dir zuschwören, daß ich in dieser Woche dritthalb Tage über einer einzigen Strophe zugebracht habe...*[303]

Nach solchen Mühen war er überzeugt von *diesem Gedichte, dem besten, denke ich, was mein Kopf und Herz zusammen ausgeboren haben, seit dem jener reif und dieses ruhig geworden...*[304].

Drei Handlungen sind in den zunächst vierzehn, in der Endfassung von 1796 nur noch zwölf Gesängen verknüpft: die Abenteuergeschichte des Ritters Hüon, seine Liebesgeschichte mit der Kalifentochter Rezia und die Suche des Elfenkönigs Oberon nach einem treuen Menschenpaar, das er nach manchen Verwicklungen in Hüon und Rezia findet. Auch diesmal hatte Wieland das Fabelmaterial aus der Literatur genommen, denn er war überzeugt: *Das, was den wahren Meister macht, ist nicht die Erfindung eines unerhörten Sujets, unerhörter Sachen, Charaktere, Situazionen u. s. f. sondern der lebendige Odem und Geist, den er seinem Werke einzuathmen vermag, und die Schönheit und Anmuth, die er darüber auszugießen weiß*[305], und Sengle gab ihm aus literaturhistorischer Sicht recht: «Stoffe zu erfinden ist für den vorromantischen Dichter noch kein Verdienst.»[306]

Für die Oberon-Titania-Handlung waren Shakespeares «Sommernachtstraum» und Geoffrey Chaucers «Merchant's Tale» aus den «Canterbury Tales» Vorbild; die Ritterabenteuer stammten aus der Geschichte des «Huon de Bordeaux» in der «Bibliothèque universelle des romans» des Grafen Tressan. Die Prüfung und Bewährung des Liebespaares hatte Wieland frei erfunden, und in der Verwebung der drei Handlungsstränge sah der *die eigenthümlichste Schönheit des Plans und der Komposition dieses Gedichts*[307]. Mit dem Versmaß huldigte er Ariost, dessen Fabeltier aus dem «Rasenden Roland», der Flügelhengst Hippogryf, auch gleich im ersten Vers erscheint:

Noch einmahl sattelt mir den Hippogryfen, ihr Musen,
Zum Ritt ins alte romantische Land![308]

Wer nachliest, wie es weitergeht, genießt die elegante Musikalität der Verse und ertrinkt doch fast im Aufwand der Bilder und der beschreibenden Adjektive, mit denen, weit hergeholt, die Geschichten von Gefahr und Liebe mitgeteilt werden, bis man erschöpft sich wünschen möchte: «More matter with less art!»[309] Auch kundige Wieland-Verehrer unter

OBERON

Illustration zu «Oberon», 1796. Kupferstich von Friedrich John
nach einer Zeichnung von Johann Heinrich Ramberg

unseren Zeitgenossen stufen *Oberon* nicht sonderlich hoch ein: Arno
Schmidt bewertete ihn «um 1 Klasse minder»[310] als *Idris und Zenide*, und
Jan Philipp Reemtsma hält das Werk für «vielleicht Wielands schlechteste
lange Verserzählung»[311]. Der Autor hatte sich gerade für dieses Epos
mehr vom 20. Jahrhundert erwartet: *Was hilft mir die Gerechtigkeit, die*

Manuskriptseite aus Wielands Cicero-Übersetzung

mir in 2 oder 300 Jahren widerfahren wird, da izt keine Seele ist, die ehrlich genug ist, laut und frey und öffentlich zu sagen, was sie mir unter vier Augen, oder in Briefen sagen...[312]

Daß die Kunstrichter so wenig Aufhebens von *Oberon* machten, kränkte Wieland. Er kultivierte nun seine Zurückgezogenheit. 1776 hatte er, zur gleichen Zeit wie Goethe, einen Garten gekauft, weil Grundbesitz eine Voraussetzung für den Erwerb des Bürgerrechts von Weimar war. Zwischen Schreibtisch, Garten und dem Salon der Herzoginmutter in Tiefurt teilte er seine Tage auf, und einem in viele Pflichten eingebundenen Generalsuperintendenten wie Herder mochte sein Dasein beneidenswert erscheinen: «Er lebt, wie ein Prinz, vor der Stadt mit Haus, Garten u. seinem weibl. Serail an Mutter, Frau, Kindern u. unzähligen Dienstboten.»[313] Manche Besucher schwärmten von dem kinderreichen Idyll in der «arkadischen Freyheit»[314], aber sie übersahen Wielands Fronen für den *Merkur* und überhaupt seine vielleicht schwäbische, vielleicht neurotische Arbeitswut, mit der er immer mehrere Projekte zugleich betrieb: *...mein Leben ...war und blieb ein vielfältig zerrissenes Ding. Studien und Lesereien verschiedener Art, eigene Arbeiten, Abschreibung derselben, Korrekturen, Geschäftsbriefe, willkommene und unwillkommene Besuche, Gesellschaftspflichten, Natur- und Kunstgenüsse, Mißbefinden und Mißlaune, diese und andere Stücke hielten mein Leben... vielfach zerteilt...*[315]

Zu einem Hauptgeschäft wurde jetzt das Übersetzen antiker Autoren, mit denen er wesensverwandt und geistig verbunden war: Horaz und Lukian; später kamen Cicero mit seinen Briefen und die Griechen Euripides, Aristophanes und Xenophon mit Einzelwerken dazu. Im Rückblick sieht das aus, als hätte er der Mitwelt am Beispiel der großen Alten verdeutlichen wollen, was sie in seinen Werken offenbar nicht recht verstand: Urbanität, Skepsis, Geschmack, Ironie, Kunstfertigkeit und Gesinnung eines geistigen Kosmopoliten. Seine Beschreibung des Römers Horaz in der Einleitung zum ersten Brief klingt wie ein Selbstporträt: *Immer hören wir den feinen Weltmann, der mit dem Witz, als einer Art Waffe, wovon er vollkommen Meister ist, so frei und sicher spielt, als ob er alle Augenblicke verwunden wollte; aber immer nur spielt, nie verwundet, und eben dadurch, daß er andere nie seine ganze Stärke fühlen läßt, dem Schicksal der meisten witzigen Köpfe, bewundert und gehaßt zu werden, glücklich zu entgehen weiß.*[316]

Mit Horaz war Wieland seit frühester Jugend vertraut; bei der Übertragung der Episteln und Satiren nahm er sich Freiheiten, die durch intime Kenntnis legitimiert waren: Aus den lateinischen Hexametern machte er fünf- oder sechsfüßige Jamben, um den leicht fließenden Ton des Originals zu erhalten. In Einführungen und Noten vermittelte er das Wissenswerte über Leben und Sitten der Römer, über die vorkommenden Personen, über den historischen und philosophischen Hintergrund, damit auch weniger gebildete Leser alles gut verstehen konnten. Vor allem hielt er mit seiner eigenen Meinung nicht zurück. Wo es ihm angebracht erschien, kürzte er: *Der Spruch ist schön, scheint mir aber hier keine gute Wirkung zu tun...*[317] Wo Horaz ihm zu deftig wurde wie bei der satirischen Beschreibung der römischen Ehebrecher, milderte er zunächst und brach dann den lateinischen und deutschen Text einfach ab: *Weder unsre Sitten noch unsre Ohren würden diesen Grad von altrömischer Freiheit, und die etwas Cynische Laune, welcher Horaz hier den Zügel schießen läßt, ertragen können... Die Rücksicht auf das, was ein Schriftsteller unsrer Zeit der Ehrbarkeit und Anständigkeit schuldig ist, hat mir selbst in der Hälfte, deren Übersetzung ich gewagt habe, mehr als einmal in Wendungen und Ausdrücken weniger Treue, als ich mir sonst erlaube, zur Pflicht gemacht.*[318] Dabei blieb er selbstkritisch und tadelte sich für die Kluft, die er zwischen dem Original und seiner Übersetzung noch wahrnahm: *...um Horazens Manier in seinen Satiren und Episteln zu erhaschen, müßte man ihm beinahe seine Person stehlen können.*[319]

Das ist ein intimes Bild vom Übersetzen, genau wie das andere vielzitierte, während der Arbeit sei *die Seele des Horaz... in ihm wohnhaft* gewesen.[320] Goethe sah Wielands Übertragung der Episteln aus einer eher globalen Perspektive: «Wenn man sie laut liest, fühlt man, wie glücklich er mit dem einen Fuß auf dem alten Rom und mit dem andern in unsrem deutschen Reiche stehet, und sich angenehm hin und herschaukelt.»[321] Goethe hat auch am Beispiel Wielands die methodische Alternative, vor der jeder Übersetzer stand und steht, auf eine Formel gebracht: «Es gibt zwei Übersetzungsmaximen: die eine verlangt, daß der Autor einer fremden Nation zu uns herüber gebracht werde, dergestalt, daß wir ihn als den Unsrigen ansehen können; die andere hingegen macht an uns die Forderung, daß wir uns zu dem Fremden hinüber begeben und uns in seine Zustände, seine Sprachweise, seine Eigenheiten finden sollen... Unser Freund... war beide zu verbinden bemüht, doch zog er als Mann von Gefühl und Geschmack in zweifelhaften Fällen die erste Maxime vor.»[322]

So machen es, seinem Beispiel folgend, die Übersetzer immer noch: Im Konflikt zwischen «ursprungssprachenorientierter» und «zielsprachenorientierter» Übersetzung, wie das in der modernen Übersetzungstheorie so sperrig heißt, entscheiden sie sich für das Herüberbringen, wenn sie den deutschen Lesern das Original ersetzen wollen. Glückt dies, winkt ihnen dafür ein Übersetzerpreis, der aus guten Gründen nach Christoph Martin Wieland heißt.[323] Bei seiner ersten Verleihung rühmte Walter Jens den Namensgeber als den «einzigen Deutschen aus dem 18. Jahrhundert, dessen Arbeiten... bis heute nicht überholt sind» und als «den ersten Schriftsteller in unserem Land, der den Beweis antrat, daß man, um eine deutsche Prosa, die in Silben tanzt, schreiben zu können: schwebend, offen, mit doppeltem Boden, Europäer und Kosmopolit sein muß...»[324].

Auch Lukian war ein langjähriger literarischer Wegbegleiter Wielands gewesen: Schon 1767 in Biberach hatte er den Griechen übersetzen wollen.[325] Als er damals erfuhr, daß der Schweizer Johann Heinrich Waser an dem Projekt arbeitete, gab er den Plan auf. Bevor er ihn dann 1786 erneut vornahm, «prüfte er erst noch einmal die Wasersche Arbeit, und als er sie durch Provinzialismen und Archaismen völlig ungenießbar fand, beschloß er, sofort selbst Hand an's Werk zu legen»[326]. Sein alter Freund Gleim sah darin mißbilligend eine Tätigkeit zweiten Ranges: «Wieland übersetzt den Lucian. Er, der selber Lucian seyn könnte, sollte nicht Übersetzer seyn.»[327] Doch übersetzend war er beides – Lukian und er selber, der Anverwandler, Vermittler und Ausdeuter. Vor allem aus Texten wie den Lügengeschichten mit ihrem Spott über Heuchler, Blender und verquaste Propheten ist diese kreative Doppelexistenz herauszulesen. In den Anmerkungen kommentierte er wieder Autor und Text, häufig aber auch philologische Besonderheiten oder Schwierigkeiten bei seiner Übertragung, und das alles machte ihn *zu einem sehr glücklichen und sehr beschäftigten Menschen*[328]. Allerdings waren *Lucians von Samosata Sämtliche Werke* in Wielands Übersetzung nicht vollständig: Manche Stücke ließ er *aus grammatikalischen Ursachen* weg, anderes *seiner Ungenießbarkeit wegen*, und seiner *Achtung für Sitten und Anständigkeit*[329] fielen unter anderem das fünfte Hetärengespräch (über eine lesbische Erfahrung) und der größte Teil des achten Göttergesprächs (über Vulkans mißglückten Versuch, Minerva zu seiner Frau zu machen) zum Opfer.

Durch die Beschäftigung mit Lukian wurde Wieland zu seinen eigenen *Göttergesprächen* angeregt, von denen fünf noch einmal – aus der Sicht der frühen neunziger Jahre – politische Fragen im Zusammenhang mit der Französischen Revolution behandeln. Im dreizehnten und letzten kommt Juno auf die einleuchtende Idee, *über die dermahlige dringendste Angelegenheit der Völker und der Fürsten*[330], nämlich die Gefährdung der Monarchie, einen Weiberrat zu veranstalten. Was die klugen Frauen beschließen, kann allerdings Wieland-Leser nicht überraschen: *Eine Konstituzion von wenigen, auf die allgemeine Vernunft und auf die Natur der bürgerlichen Gesellschaft gegründeten Artikeln*[331] will Juno den Regenten im Traum offenbaren.

Mehr Anlaß zum Überdenken alter Positionen fand Wieland in Lukians Bericht «Über das Lebensende des Peregrinos», der den Anstoß zu seinem Dialogroman *Geheime Geschichte des Philosophen Peregrinus Proteus* gab. Lukian verspottete den Philosophen aus dem zweiten Jahrhundert n. Chr., der sich nach manchen Irrfahrten als Beweis seiner Todesverachtung auf dem Scheiterhaufen verbrennen ließ, als einen geltungssüchtigen Scharlatan und Lästerer. In Wielands Roman unterhalten sich die beiden im Elysium über die Wegstationen des Peregrinus. Wielands Lukian erfährt von den Abenteuern, Liebesgeschichten und geistigen Wandlungen seines Gegners und fängt an zu begreifen, daß die Intensität dieses schwärmerischen Lebens einen Platz im Gefilde der Seligen rechtfertigt. Als «Agathons spätgeborener düsterer Bruder»[332] hängt Peregrin wechselnden Lehrern an, er wird Christ, Gnostiker, Zyniker, dazwischen Geliebter begehrenswerter Frauen, doch jede Erfahrung endet desillusionierend. Sein Verlangen nach einem metaphysischen Mehr

Johann Gottfried von Herder (1744–1803). Kupferstich

kann schließlich nur vom lange angekündigten Tod in den Flammen gestillt werden.

Karl Mickel hat darauf hingewiesen, daß den Hauptstationen dieses Lebens die vier großen Romantypen des aufgeklärten Saeculums entsprechen: «...dem pädagogisch-didaktischen, dem erotischen, dem politischen und dem Gesellschaftsroman.»[333] Für Sengle hatten *Peregrinus Proteus* und der acht Jahre später veröffentlichte Roman *Agathodämon* ihren Ursprung in Wielands «Not, nichts mehr zu glauben. Sie sind nicht im Sinne des Glaubensbesitzes, aber im Sinne der Glaubenssehnsucht religiös zu nennen und dadurch echte Dokumente der Vorromantik.»[334] Aus einer Bemerkung von Wieland ist zu schließen, daß es ihm nicht zuletzt um die Rekonstruktion eines frühen Kapitels der Kirchengeschichte ging: *Die Christen waren ursprünglich ein geheimer Orden, eine Brüderunität, die sich an der herzlich gut gemeinten, aber auf jüdische Messiasideen gepfropften Vorstellung vom Reiche Gottes weideten und von der Vereinigung mit Gott schöne Träume hatten. So ging es in der apostolischen und frühen Kirche bis ins zweite Jahrhundert. Dort aber mischten sich feine Schlauköpfe, Jesuiten ante Lojolam ins Spiel und legten in dies bequeme Nest ihre Guckuckseier. Daher die schnelle Depravation ihrer ursprünglichen Reinheit. Dies habe ich nun in meinem Peregrinus exemplificiert.*[335] Das klingt kühl und distanziert gegenüber den Glaubensmöglichkeiten, und dieser skeptische Ton ist auch im *Agathodämon* vorherrschend, dem Lebensroman des Philosophen Apollonius *guter Geist* genannt: Apollonius, Zeuge vom Entstehen des Christentums, hält *den Hang zum Glauben für eine Schwachheit der menschlichen Natur*[336]. Nach lebenslangem Erforschen von Philosophie und Religion bekennt sich der Sechsundneunzigjährige zu einer Geborgenheit im Diesseitigen, *in meinem angebornen beschränkten Vaterland, Himmel und Erde...ich ... fühle mich in allem was athmet; die Fantasie schließt ihre unsichtbare Zauberwelt wieder vor mir auf; die Unsterblichen nahen sich meinem Geiste, und mit süßem Schauern umfaßt mich die Gegenwart des allgemeinen Genius der Natur, des liebenden, versorgenden Allvaters, oder wie der beschränkte Sinn der Sterblichen den Unnennbaren immer nennen mag, und ich bin – mit Einem Worte, wieder was ich seyn soll, ein Mensch, gut und glücklich, und verlange nicht mehr zu seyn als ich seyn kann und soll.*[337]

Friedrich Schiller (1759–1805). Stich von C. Kühler
nach einer Zeichnung von Johann Christian Reinhart, 1787

Der *Agathodämon* ist ein sehr gelehrtes und – in seinen langen Monologpassagen – zuweilen ein bißchen langweiliges Buch. Aber das humane Menschenbild der Aufklärung wird in dem alten Zauberer Appolonius wunderbar klar gezeichnet, und die Prosa mit ihren eleganten, dabei leicht sprechbaren Perioden, seitenlang von keinem Absatz unterbrochen, wirft darauf ein ganz besonderes, helles Licht.

Wielands Meisterschaft im Umgang mit dem Wort wurde noch zu seinen Lebzeiten editorisch gewürdigt: Seine *Sämmtlichen Werke* erschienen in einer Ausgabe letzter Hand in vier verschiedenen Formaten und Ausstattungen ab 1794 (bis 1811) bei Georg Joachim Göschen in Leipzig. Das bedeutete für den Autor viel Mühe – er mußte ordnen, aussortieren, überarbeiten –, aber auch eine Ehre, die den Spott der Kollegen herausforderte. Goethe und Schiller machten sich in ihren «Xenien» lustig:

«Göschen an die deutschen Dichter.
Ist nur Wieland heraus, so kommt's an euch übrigen alle
Und nach der Lokation! Habet einstweilen Geduld![338]

Wieland kam noch mehrfach, unter anderem als «zierliche Jungfrau zu Weimar»[339], in der Epigrammsammlung vor, mit der die «Poetischen Titanen»[340] satirisch die Literaten ihrer Zeit aufs Korn nahmen; er reagierte mit einem pikierten Dialog.[341] Daß sich die beiden, die er seine Freunde nannte, in nachsichtiger Ironie gegen ihn verbündeten, mußte den Sensiblen verletzen. Schiller hatte einmal eine Beteiligung am *Merkur* erwogen und war 1787, in seiner ersten Weimarer Zeit, häufig bei Wieland zu Gast gewesen. Zwischen dem Dichter der «Räuber», des «Fiesko» und dem Autor der *Abderiten*, des *Oberon* bestand wenig geistige Gemeinsamkeit, doch wieder erkannte Wieland die große Begabung und schätzte den klugen Gesprächspartner. Zudem zeigte er sich gegenüber jüngeren Kollegen fast immer freundschaftlich und hilfsbereit: Als Lavater ihm schrieb, Matthias Claudius sei in finanziellen Nöten, bot er dem *ehrlichen Asmus* sofort die Mitarbeit am *Merkur* und soviel von seiner *Freundschaft an, als er fassen, brauchen und nießen kann*[342]; um den exzentrischen Jakob Michael Reinhold Lenz, *ein guter Junge, die Hälfte von einem Dichter*[343], kümmerte er sich väterlich, und Caroline Herder bestätigte: «Wieland erzeigte bey vielen Anlässen, wo wir seine Freundschaft ansprachen, thätige Dienste; unter anderem durch Darlehn...»[344] Auch zu den Brüdern Schlegel unterhielt er zunächst gute Beziehungen: Beide waren bei ihm zu Gast, Friedrich arbeitete am *Attischen Museum* mit, für August Wilhelms Shakespeare-Übersetzung verwandte er sich bei Geßner, und erst als dieses Projekt an Schlegels Honorarforderungen scheiterte, setzte er sich bei dem Schwiegersohn für eine neue Ausgabe von Johann Joachim Eschenburgs Prosa-Übertragung Shakespeares ein, die er einst als Fortführung seiner Arbeit begrüßt hatte. Doch 1799 griffen die Schlegels in

Der Göttinger Hainbund, Wielands Schriften verbrennend. Zeichnung von Georg Karl Schweissinger, 1860

ihrer Zeitschrift «Athenäum» den früheren Gönner mit einer «öffentlichen Vorladung» an:

Citatio edictalis.

Nachdem über die Poesie des Hofrath und Comes palatinus Caesareus Wieland in Weimar, auf Ansuchen der Herren Lucian, Fielding, Sterne, Bayle, Voltaire, Crébillon, Hamilton und vieler anderer Autoren Concursus creditorum eröffnet, auch in der Masse mehreres Verdächtige und dem Anscheine nach dem Horatius, Ariosto, Cervantes und Shakespeare zustehendes Eigentum sich vorgefunden; als wird ein jeder, der ähnliche Ansprüche titulo legitimo machen kann, hierdurch vorgeladen, sich binnen sächsischer Frist zu melden, hernachmals aber zu schweigen.[345]

Das mußte Wieland an die Dichter des Göttinger Hainbundes erinnern, die 1773 zur Feier von Klopstocks Geburtstag seinen *Idris* zerrissen und mit den Seiten ihre Pfeifen angezündet hatten; für sie war er der «Wollustsänger» gewesen: «Mädchenseelen, durch dich verführt, Wimmern gegen dich hin, wimmern und starren Fluch!»[346] Damals hatte er gefragt: *Warum sollt' ich die Herkules-Keule aufheben, um Fliegen todt zu schlagen?*[347] Jetzt mochte er die *Schlegeleien* der Romantiker gar nicht lesen: *Ein paar Briefchen... an die beyden Sophien... haben mein Gemüth in eine so glückliche Stimmung gesetzt, daß es unverzeihliche Sünde wäre, wenn ich sie durch Rabengekreisch und Unkengeheul unterbrechen lassen wollte.*[348] In beiden Fällen handelte es sich um literarische Generationskonflikte, doch was die ungestümen Jungen dabei vorbrachten,

Sophie Brentano (1776–1800). Ölgemälde eines unbekannten Künstlers

Sophie von La Roche. Porträt von Georg Melchior Kraus, 1799

wirkte sich – wie Goethes Diktum über seine Werke – auf die Wieland-Rezeption aus.

Mit den *beyden Sophien* waren Sophie von La Roche und ihre Enkelin Sophie Brentano gemeint, die im Sommer 1799 Wieland auf seinem Landgut Oßmannstedt[349] besuchten. Lebenslang hatte er sich ein solches Tuskulum gewünscht, 1797 erwarb er für 22 000 Taler das ehemalige Rittergut unweit von Weimar und genoß dort mit Frau, sieben Kindern und vier Enkelkindern *Landluft, unverkünstelte Natur, viel Gras und schöne Bäume, äußere Ruhe und freie Disposizion über mich selbst*[350]. Vor diesem Rückzug in die – nach Goethe – «traurigste Gegend der Welt»[351] war er zu seiner letzten großen Reise[352] in die Schweiz, zu Tochter und Schwiegersohn, aufgebrochen und hatte neben den Geßners Zeugen seiner Jugend wiedergesehen wie die einst so verehrte, jetzt achtzigjährige Elisabeth Hirzel: «Allein sie blieb eiskalt... und Wielanden überliefs auch ganz schauerlich.»[353]

Erfreulicher war nun die Wiederbegegnung mit Sophie von La Roche, die er noch fünf Jahre zuvor mit Hilfe von Goethes Mutter abgewehrt hatte.[354] Die ehemalige Verlobte wollte zwar unentwegt berühmte Leute sehen – Anna Amalia, Goethe, Herder, Jean Paul – und ging allen auf die Nerven mit ihrer Sentimentalität, in der sie «blos die Canzleisprache, aber nie die Cabinetsprache des Herzens»[355] gebrauchte. Aber Wieland ertrug das «in immer zarter Fassung»[356] um alter Zeiten willen – und weil sie ihm die andere, die junge Sophie mitgebracht hatte, die Schwester von Clemens und Bettina. Als die Enkelin mit der Großmutter abgereist war, nannte Wieland sie eine liebe *Tochter*, die einen Teil ihres *reinen Ichs in Oßmannstädt hinterlassen* habe und schwer vermißt werde.[357] Im Frühjahr darauf kehrte Sophie Brentano nach *Osmantinum*[358] zurück. Zwischen ihr und dem sechsundsechzigjährigen Hausherrn entspann sich eine Zuneigung, von Zeugen beschrieben wie ein arkadisches Märchen: Auf der Rasenbank las der Dichter dem Mädchen vor, unter Linden sprachen sie von der Hoffnung, neben der plätschernden Ilm sagte Sophie eines Abends: «Ach, wissen Sie, was ich wol möchte? Bis an meinen Tod bei Ihnen bleiben!»[359]

Ihr Wunsch ging auf traurige Weise in Erfüllung: Am 20. September 1800 starb Sophie Brentano mit 24 Jahren an einer *der sonderbarsten und verwickeltsten Nervenkrankheiten*[360], wohl einer Hirnhautentzündung, und Wieland ließ sie in seinem Garten begraben. Er hatte sie geliebt «als seine Tochter und Freundin, und sie wirkte auf seinen Aristipp als eine Muse und Grazie»[361] – auch über den Tod hinaus, als sie für den Dichter eine poetische Erinnerung geworden war. Er schrieb an dem im Vorjahr begonnenen Briefroman weiter mit der Überzeugung, *daß Aristipp das Beste aller meiner Prosaischen Werke ist*[362].

Aristipp und einige seiner Zeitgenossen umfaßt vier Bände mit insgesamt anderthalbtausend Seiten und ist doch ein Fragment: Wieland hatte sich vorgenommen, in Briefen von und an Aristipp das Leben eines Philosophen im fünften und vierten Jahrhundert vor Christus zu erzählen und dabei zu behandeln, was diesen vielseitig interessierten Humanisten beschäftigte – neben seiner Beziehung zur schönen, klugen und kühlen Hetäre Lais einfach alles, was im damaligen Griechenland wichtig war. Das bedeutete einen umfassenden Zeit- und Kulturroman, und so weit er gedieh – bis zu Aristipps 56. Lebensjahr – zeigt er Wielands Ideal eines vernünftigen und glücklichen Menschen im geistigen Netz einer Epoche auf ganz neue, formal in sich schlüssige, verblüffend leichte und wunderbar

Christoph Martin Wieland. Punktierstich, gezeichnet von Johann Friedrich August Tischbein, gestochen von Carl Pfeiffer, 1800

Napoleon in der Unterredung mit Wieland am 6. Oktober 1808 in Weimar.
Aquatintastich von Johann Baptist Hössel nach einer Zeichnung von Hans
Veit Friedrich Schnorr von Carolsfeld, 1809

lesbare Art. Sengle im Nachkriegsdeutschland rügte, daß «die Gegenstände meistens nur von außen» behandelt seien und sich so nur «etliche vielseitig belehrende, aber doch etwas dünne Plauderstündchen mit dem greisen Dichter»[363] ergäben. Aber gerade das Fehlen von Tiefe und bohrender Grundsätzlichkeit kennzeichnet Aristipp (und Wieland), zugleich ermöglicht es andere Qualitäten: Arno Schmidt lobte «am einzigen Briefroman, den wir Deutschen besitzen», daß er «dem Fachmann reinlich das Stahlskelett der Trägerkonstruktion» zeige «und gleichzeitig dem Leser eine Fülle intrikatester ziseliertester Geistigkeiten und schönster Menschlichkeit» gebe.[364] Jan Philipp Reemtsma wies darauf hin, daß «Wieland, als Vertreter jener literarischen Traditionslinie, die mit den Signalnamen Sterne/Melville/Joyce bezeichnet sei, im Aristipp auch einen gewaltigen Innenraum gestaltet, ein psychologisches Laboratorium gewissermaßen», und nannte den Autor darum «einen der ersten modernenen Psycho-Analytiker».[365]

Aristipp blieb unvollendet, weil Wieland den Traum von der humanistischen Utopie nicht weiterträumen konnte: Seine Frau starb, das zerstörte ihn fast. 1803 mußte er sein überschuldetes *Osmantinum* verkaufen. Er kehrte nach Weimar zurück, umsorgt von seiner Tochter Luise, umhegt von der höfischen Gesellschaft, in der er mit Samtkäppchen und uneleganten Tuchstiefeln auftrat und die Freundschaft Goethes und – bis zu ihrem Tod 1807 – der Herzogin Anna Amalia genoß. Die Übersetzung der Briefe Ciceros war ihm die schönste Altersarbeit, und daß Madame de Staël und Napoleon (der nach ihm schicken ließ und sich anderthalb Stunden lang mit ihm unterhielt) auf seine Bekanntschaft Wert legten, nahm er hin als ihm gebührende Ehre. Bis zu seiner kurzen letzten Krankheit saß er «in seinem weißen Schlafmützchen mutig am Cicero»[366]. Drei Wochen lang hatte er Fieber und Krämpfe, und als der Arzt ihm Hoffnung machen wollte, sagte er: *Sein oder Nichtsein, das ist mir jetzt so ziemlich egal.*[367] Das war an seinem Todestag, dem 20. Januar 1813. Er starb um Mitternacht an «Entkräftung und Schlagfluß»[368] und wurde in Oßmannstedt begraben, neben Sophie Brentano und seiner Frau, unter den Bäumen an der Ilm.

Wielands Grab in Oßmannstedt

Anmerkungen

Als Grundtext wurde, soweit möglich, das Faksimile der sogenannten «wohlfeilen» Wieland-Ausgabe letzter Hand benutzt, vgl. Anmerkung 1. Häufig zitierte Werke Wielands sind durch Siglen bezeichnet, die zugehörigen Titel lassen sich aus der Bibliographie ersehen.

1. Christoph Martin Wieland: Sämmtliche Werke. 15 Bände. Hg. von der Hamburger Stiftung zur Förderung von Wissenschaft und Kultur in Zusammenarbeit mit dem Wieland-Archiv, Biberach, und Dr. Hans Radspieler. Nördlingen 1984. Zitiert SW
2. Thomas C. Starnes: Christoph Martin Wieland. Leben und Werk. 3 Bde. Sigmaringen 1987
3. Arno Schmidt: Wieland oder Die Prosaformen. In: Dya na sore. Gespräche in einer Bibliothek. Karlsruhe 1958, S. 264, S. 275
4. An Leonhard Meister am 28.12.1787, in: Heinrich Geßner (Hg.): Ausgewählte Briefe an verschiedene Freunde in den Jahren 1751 bis 1810. 4 Bde. Zürich 1815–1816, Bd. 3, S. 380f. Zitiert AB
5. Ebd.
6. An Bodmer am 6.3.1752, in: Christoph Martin Wieland: Briefwechsel. Hg. von der Deutschen Akademie der Wissenschaften zu Berlin. 5 Bde. Berlin (DDR) 1963–1983, Bd. 1, S. 50. Zitiert WB
7. Ebd.
8. An Leonhard Meister am 28.12.1787, in: AB 3, S. 383
9. An Bodmer am 6.3.1752, in: WB 1, S. 51
10. SW XIII, Supplemente 1, S. 6
11. Ebd., S. 8f
12. An Bodmer am 4.8.1751, in: WB 1, S. 22
13. Zwischen Januar und März 1751, in: WB 1, S. 12
14. An Zimmermann am 20.2.1795, in: WB 1, S. 406f
15. An Sophie von La Roche am 20.12.1805, in: Franz Horn (Hg): C. M. Wielands Briefe an Sophie von La Roche. Berlin 1820, S. 332
16. An Bodmer am 6.3.1752, in: WB 1, S. 51
17. An Bodmer am 14.5.1752, in: WB 1, S. 72f
18. An Bodmer am 6.9.1752, in: WB 1, S. 120
19. Heinrich Wölfflin: Salomon Geßner. Frauenfeld 1889, S. 158
20. J. H. Waser; Briefwechsel zweyer Landpfarrer über Wielands Briefe der Verstorbenen. In: Neues Schweizerisches Museum Jg. 1 (1793–1794), H. 9, S. 706–708

21 Vgl. dazu Wolfgang Paulsen: Christoph Martin Wieland. Der Mensch und sein Werk in psychologischer Perspektive. Bern und München 1975
22 Erschienen 1753 bei David Geßner, Zürich
23 SW XIII, Supplemente 3, S. 3f
24 Unter dem Titel «Psalmen» in SW XIII, Supplemente 3, S. 213–300
25 Zitiert nach Johann Gottfried Gruber: Wielands Leben, mit Einschluß vieler noch ungedruckter Briefe. 4 Teile. Leipzig 1827/28, 2. Buch, S. 203f
26 8. Literaturbrief in Gotthold Ephraim Lessing: Sämtliche Schriften. Hg. von Karl Lachmann. Stuttgart 1912, Bd. 8, S. 16f
27 Wielands Mutter am 10.10.1753 an Bodmer, in: WB 2, S. 199f
28 An Sophie am 22.12.1753, in: WB 1, S. 188
29 An Geßner am 18.9.1766, in: WB 3, S. 48
30 Heinrich Pröhle: Lessing, Wieland, Heinse. Berlin 1877, S. 79
31 An Zimmermann am 11.1.1757, in: WB 1, S. 295f
32 An Zimmermann am 13.12.1756, in: WB 1, S. 291
33 Friedrich Sengle: Wieland. Stuttgart 1949, S. 72
34 An Zimmermann im April 1758, in: WB 1, S. 330
35 Sengle: Wieland, S. 101
36 An Zimmermann am 4.6.1759, in: WB 1, S. 463
37 Im Vorbericht zum Erstdruck bei Heidegger u. Cie, Zürich 1758
38 1. Aufzug, 1. Szene
39 63. Literaturbrief in Lessing: Sämtliche Schriften, Bd. 8, S. 166f
40 An Zimmermann am 25.6.1759, in: WB 1, S. 472
41 An Iselin im Juni 1759, in: WB 1, S. 464
42 An Zimmermann am 4.7.1759, zitiert nach Gruber: Wielands Leben, 2. Buch, S. 277f
43 Ebd.
44 An Zimmermann am 24.8.1759, in: WB 1, S. 518
45 An Zimmermann am 8.9.1759, in: WB 1, S. 525
46 Sengle: Wieland, S. 113
47 In den ersten 12 Versen des 18. Gesangs, in: SW II Bd. 5, S. 129. Vgl. dazu Paulsen: Christoph Martin Wieland, S. 71f
48 Agathon, 3. Theil, 14. Buch, 6. Kapitel, in: SW I Bd. 3, S. 303f
49 An J. H. von Hillern am 10.6.1776, in: WB 5, S. 515
50 An Bodmer am 1.10.1760, in: WB 3, S. 18
51 An Volz am 1.3.1761, in: WB 3, S. 28
52 An Verleger Geßner am 6.4.1762, in: WB 3, S. 79
53 An Geßner am 24.6.1762, in: WB 3, S. 96
54 The Works of Shakespear in eight volumes. The genuine text, collated with all the former editions, and then corrected and then emended... being restored from the blunders of the first editors, and the interpolations of the two last: with a comment and notes, critical and explanatory. By Mr. Pope and Mr. Warburton, London and Dublin 1747
55 An Orell, Geßner und Cie. am 8.5.1766, in: WB 3, S. 375
56 Lessing im 15. Stück der Hamburgischen Dramaturgie, in: Lessing: Sämtliche Schriften, Bd. 9, S. 163
57 Vgl. Wilhelm Meisters Lehrjahre, 5. Buch, 5. Kapitel, in: Goethes Werke Hg. im Auftrag der Großherzogin Sophie von Sachsen. Abt. 1–4, Bd. 1ff. Weimar 1887–1912, 1, 22, S. 163; Dichtung und Wahrheit, 3. Teil, 11. Buch,

in: ebd., 1, 28, S. 73; Zu brüderlichem Andenken Wielands, in: ebd., 1, 36, S. 326
58 Götter, Helden und Wieland, in: Goethes Werke, 1, 38, S. 28
59 Vgl. Ernst Stadler, Nachwort zu Wielands Gesammelten Schriften, in: Gesammelte Schriften. 21 Bde. in 15. Hg. von der Preußischen Akademie der Wissenschaften, Berlin 1909–1940. Reprint Hildesheim 1986f, Abt. 2, Bd. 3, S. 570–578. Zitiert AA
60 Vgl. Hans Radspieler: Wieland's Shakespear, in: Almanach der Krater Bibliothek. Das erste Jahr. Hg. von Karl Clausberg. Nördlingen 1986
61 Ebd. S. 173
62 Rolf Vollmann: Shakespeares Arche. Ein Alphabet von Mord und Schönheit. Nördlingen 1988, S. 11
63 Allgemeine deutsche Bibliothek 1766, Bd. 1, St. 1, S. 300
64 Kyösti Itkonen: Die Shakespeare-Übersetzung Wielands (1762–1766). Jyväskyla 1971, zitiert nach Radspieler: Wieland's Shakespear, S. 173
65 In: Ferenczi Zoltan: Az elsö magyar Shakespeare. Budapest 1912, köt. 5, S. 268–281. Übersetzer: Aranka György
66 Vgl. Starnes: Christoph Martin Wieland, Bd. 1, S. 214
67 An Zimmermann am 5. 1. 1762, in: WB 3, S. 60f
68 An Geßner am 28. 4. 1763, in: WB 3, S. 163
69 An Zimmermann am 20. 12. 1762, in: WB 3, S. 141
70 Die alte Kanzlei mit Dienstwohnung und Amtsräumen Wielands befand sich dort, wo heute das Haus Hindenburgstr. 3 steht
71 Sengle: Wieland, S. 136
72 An Zimmermann am 7. 1. 1765, in: WB 3, S. 338
73 Julie Bondeli ermittelte als Grund, «daß ein Geistlicher des vorigen Jahrhunderts, der den Ovid bloß lateinisch gelesen habe, wohl bemächtiget sey, zu glauben, daß die deutsche Sprache durch einen Roman profanirt werden; daß aber dieser Profanation und seines daran genommenen Anstoßes ohnerachtet, das Buch dennoch nichts desto weniger mit dem Verbote werde gedruckt werden.» In: WB 3, S. 205
74 Sengle: Wieland, S. 202
75 Allgemeine deutsche Bibliothek 1768, Bd. 6, St. 1, S. 202
76 An Geßner am 7. 5. 1768, in: WB 3, S. 512
77 An Riedel am 2. 6. 1768, in: WB 3, S. 520
78 Im 69. Stück der Hamburgischen Dramaturgie, in: Lessing: Sämtliche Schriften, Bd. 10, S. 80
79 Friedrich von Blanckenburg: Versuch über den Roman. Faksimiledruck der Originalausgabe von 1774. Mit einem Nachwort von Eberhard Lämmert. Stuttgart 1965, S. 10
80 Vgl. Sengle: Wieland, S. 187
81 In: Christoph Martin Wieland: Ausgewählte Werke. 4 Bde. Hg. von Friedrich Beißner und Herbert Jaumann. München 1964f, Bd. 2, S. 916
82 Fritz Martini in: Christoph Martin Wieland: Werke. 5 Bde. Hg. von Fritz Martini und Hans Werner Seiffert. München 1964f, Bd. 1, S. 917
83 Vgl. Paulsen: Christoph Martin Wieland, S. 165f
84 An Geßner am 5. 8. 1763, in: WB 3, S. 169f
85 Titelheld des Romans «Gil Blas de Santillane» (1715–35), in dem sich Alain René Lesage über die Schelmenromane in Frankreich lustig machte

86 Friedrich Beißner in: Beißner/Jaumann (Hg.): Wieland, Ausgewählte Werke, Bd. 2, S. 917
87 Wolfgang Jahn in: Wirkendes Wort 18, 1968; zitiert nach Christoph Martin Wieland. Aufsätze aus der Zeit nach 1945. Hg. von Hansjörg Schelle. Darmstadt 1981, S. 312
88 Julie Bondeli an Wieland am 21.6.1764, in: WB 3, S. 281
89 An Geßner im Oktober 1763, in: WB 3, S. 197
90 Bernhard Seuffert: Prolegomena zu einer Wieland-Ausgabe I–IX. Abhandlungen der Preußischen Akademie der Wissenschaften. Phil.-hist. Kl., Berlin 1904–1941. Reprint Hildesheim 1989, V,7 und VII,4
91 Albrecht von Haller 1765 in den Göttingischen Gelehrten Anzeigen, in: Hallers Literaturkritik. Hg. von Karl S. Guthke. Tübingen 1970, S. 101
92 An Geßner am 29.8.1764, in: WB 3, S. 296f
93 An Geßner am 8.10.1764, in: WB 3, S. 304
94 Diana und Edymion, in: SW III, Bd. 10, S. 150
95 Das Schloß kam 1826 in den Besitz des Staats Württemberg. 1829 wurde es – fast völlig leer – von Friedrich August Karl Freiherr von Koenig gekauft und von dessen Familie neu eingerichtet. Seit 1986 gehört es Franz Freiherr von Ulm zu Erbach
96 An Zimmermann am 22.6.1762, in: WB 3, S. 93f; im Original französisch
97 Ebd.
98 Allgemeine deutsche Bibliothek 1765, Bd. 1, St. 2, S. 215f
99 An Geßner am 14.5.1767 zur neuen Ausgabe der Comischen Erzählungen, in: WB 3, S. 455
100 An Geßner am 29.8.1767, in: WB 3, S. 460
101 Musarion, 1. Buch, in: SW III, Bd. 9, S. 18f
102 Musarion, 3. Buch, in: SW III, Bd. 9, S. 99
103 Allgemeine deutsche Bibliothek 1770, Bd. 12, St. 2, S. 286
104 Haller 1770 in den Göttingischen Gelehrten Anzeigen, in: Hallers Literaturkritik, S. 119
105 Neue Bibliothek der schönen Wissenschaften und der freyen Künste. Leipzig 1765–1806. 1769, Bd. 9, S. 114f
106 Emil Staiger in: Wieland. Vier Biberacher Vorträge 1953. Gehalten von Emil Staiger u. a. Wiesbaden 1954, S. 35
107 An Geßner am 21.7.1766, in: WB 3, S. 396
108 Idris und Zenide, 1. Gesang, 6. Strophe, in: SW VI, Bd. 17, S. 16. Dieser Vers wird auch auf dem Titelblatt der Deutsch-Chinesischen Nachrichten der Pekinger Universität zitiert
109 An Geßner am 23.9.1767, in: WB 3, S. 461
110 Am 6.2.1770, in: WB 4, S. 89f
111 Am 8.3.1770, in: WB 4, S. 103
112 Im April 1771, in: Ludwig Wieland (Hg.): Auswahl denkwürdiger Briefe von C. M. Wieland. 2 Bde. Wien 1815, Bd. 1, S. 312f. Zitiert DB
113 Am 11.5.1764, in: WB 3, S. 266f
114 An Geßner am 7.11.1765, in: WB 3, S. 357
115 An Zimmermann am 10.7.1766, in: WB 3, S. 388
116 An Leonhard Meister am 28.12.1787, in: AB 3, S. 388f
117 An Körner am 29.8.1787, in: Friedrich Schiller: Briefe. München o. J., S. 141
118 Vgl. WB 3, S. 352f

119 Heute ist in Wielands Gartenhaus in der Saudengasse 10, unweit von Kino und Kaufhaus, doch immer noch in einem Gartenidyll, die Schausammlung «Gärten in Wielands Welt» untergebracht. Im kleineren Nebengebäude arbeitete von 1825 bis 1827 der Altphilologe August Pauly an seiner Übersetzung des Lukian
120 An Riedel am 24. 8. 1768, in: WB 3, S. 546
121 Vgl. WB 3, S. 491
122 An Volz am 1. 3. 1761, in: WB 3, S. 27
123 An Zimmermann am 11. 2. 1763, in: WB 3, S. 152
124 WB 3, S. 526
125 Vgl. Sengle: Wieland, S. 237
126 WB 3, S. 567
127 An Riedel am 20. 1. 1769, in: WB 3, S. 571
128 WB 3, S. 595
129 An Riedel am 31. 3. 1769, in: WB 3, S. 594
130 Agathon, 1. Buch, 2. Kapitel, in: SW I, Bd. 1, S. 31
131 Idris und Zenide, 1. Gesang, 13. Strophe, in: SW VI, Bd. 17, S. 19
132 Vgl. Paulsen: Christoph Martin Wieland, S. 104 f
133 Z. B. gegenüber Gleim am 15. 8. 1770: «Ich will von meiner Figur und meinen Zügen nichts sagen – welches das Beste ist, was man davon sagen kann.» In: WB 4, S. 191
134 An Zimmermann am 19. 3. 1767, in: WB 3, S. 437
135 An Gleim am 27. 4. 1771, in: WB 4, S. 293
136 An Geßner am 16. 10. 1769, in: WB 4, S. 45
137 Constantin Beyer: Neue Chronik von Erfurt oder Erzählung alles dessen, was sich von Jahr 1736 bis zum Jahr 1815 in Erfurt Denkwürdiges ereignete. Erfurt 1821, S. 155 f
138 Carl Friedrich Bahrdt: Geschichte seines Lebens, seiner Meinungen und Schicksale von ihm selbst geschrieben. 4 Teile. Hg. von Felix Hasselberg. Berlin 1922, Bd. 2, S. 23 f
139 In: Wilhelm Stieda: Erfurter Universitätsreformpläne im 18. Jahrhundert. Erfurt 1934. Sonderschriften der Akademie gemeinnütziger Wissenschaften zu Erfurt, Heft 5, S. 135 f
140 Yorick ist der fiktive Autor von Laurence Sternes «Empfindsame Reise durch Frankreich und Italien. Von Mr. Yorick», deutsch erschienen 1768. Auch ein Narr in Shakespeares «Hamlet» heißt so.
141 An Gleim am 2. 10. 1769, in: WB 4, S. 38
142 Nachlaß des Diogenes von Sinope, 21. Kapitel, in: SW IV, Bd. 13, S. 59
143 An Sophie La Roche am 17. 2. 1770, in: WB 4, S. 94
144 Reich am 24. 2. 1770, in: WB 4, S. 96
145 Gräfin von Wartensleben Anfang März 1770, in: WB 4, S. 99
146 In: Karl August Böttiger: Literarische Zustände und Zeitgenossen. In: Schilderungen aus Karl August Böttigers handschriftlichem Nachlasse. Hg. von Karl Wilhelm Böttiger. 2 Bde. Leipzig 1838, Bd. 1, S. 205
147 Vgl. W. Daniel Wilson: Wieland's Diogenes and the Emancipation of the Critical Intellectual, in: Christoph Martin Wieland. Nordamerikanische Forschungsbeiträge zur 250. Wiederkehr seines Geburtstages 1983. Hg. von Hansjörg Schelle. Tübingen 1984, S. 149–178
148 Sengle: Wieland, S. 228

149 H. W. v. Gerstenbergs Rezensionen in der Hamburgischen Neuen Zeitung 1767–1771. Hg. von O. Fischer. Berlin 1904. In: Deutsche Literaturdenkmale des 18. und 19. Jahrhunderts, Nr. 128, Liechtenstein 1968, S. 360f
150 In: Böttiger: Literarische Zustände, Bd. 1, S. 254f
151 Morgenblatt für gebildete Stände. Stuttgart und Tübingen 1807–1865. 1840, S. 1143
152 Gerstenberg: Rezensionen, S. 360f
153 WB 4, S. 277
154 In: Adam Wolf: Geschichtliche Bilder aus Oesterreich. 2 Bde. Wien 1880. Bd. 2, S. 337f
155 An Gleim am 27.4.1771, in: WB 4, S. 294
156 Heinse an Gleim am 28.1.1771, in: Briefwechsel zwischen Gleim und Heinse. Hg. von Karl Schüddekopf. 2 Bde. Weimar 1894–1895. Bd. 1, S. 13f
157 Die Grazien, in: SW III, Bd. 10, S. 6f
158 WB 4, S. 206
159 Vgl. Sengle: Wieland, S. 206f
160 1. Gesang, 5. St., in: SW II, Bd. 4, S. 5
161 Vgl. Vorbericht der 1. Ausgabe, in: SW II, Bd. 4, S. IIIf
162 An Gleim am 2.10.1769, in: WB 4, S. 39
163 An Gleim am 8.12.1769, in: WB 4, S. 66
164 Vorbericht zu der gegenwärtigen Ausgabe (von 1794), in: SW II, Bd. 4, S. XVII
165 Ebd. S. XIX
166 Vgl. Friedrich Beißner: Poesie des Stils. In: Schelle (Hg.): Christoph Martin Wieland. Aufsätze aus der Zeit nach 1945. Darmstadt 1981, S. 67–92
167 The Big Sleep. Warner Bros. 1946. Regie Howard Hawks, Drehbuch von William Faulkner, Leigh Brackett und Jules Furthman nach dem gleichnamigen Roman von Raymond Chandler. Mit Humphrey Bogart und Lauren Bacall
168 Anmerkungen zum 1. Gesang, 6, in: SW II, Bd. 4, S. 19
169 Vgl. Wolfgang Preisedanz: Die Muse Belesenheit: Transsexualität in Wielands «Neuem Amadis». In: MLN, S. 539–553
170 Sengle: Wieland, S. 218
171 WB 4, S. 216
172 F. H. Jacobi an den Grafen von Chotek am 16.6.1771, in: Friedrich Heinrich Jacobi's auserlesener Briefwechsel. Hg. von Friedrich Roth. 2 Bde. Leipzig 1825–1827. Bd. 1, S. 34
173 Georg Ignaz Lucius an einen Freund, undatiert. In: Julius Steinberger: Wieland in Mainz. Heidelberg 1925. Stachelschriften, hg. von G. A. E. Bogeng, Neuere Reihe 3, S. 9f
174 Caroline Flachsland an J. G. von Herder am 4.6.1771, in: Schriften der Goethe-Gesellschaft. Weimar 1926, Bd. 39, S. 233f
175 Ebd.
176 Weiße an Uz am 20.9.1770, in: Morgenblatt, 1840, S. 1146
177 An F. H. Jacobi am 12.6.1771, in: WB 4, S. 301
178 An Geßner im Oktober 1763, in: WB 3, S. 197
179 An Reich am 9.3.1771, in: WB 4, S. 270f
180 Ebd.
181 Milorad Pavic: Das Chasarische Wörterbuch. München 1988
182 An Tobias Philipp von Gebler am 19.5.1772, in: WB 4, S. 510f

183 Z. B. Der Goldne Spiegel, 2. Theil, in: SW II, Bd. 7, S. 200 f
184 Am 26.8.1772, in: WB 4, S. 620
185 Sengle: Wieland, S. 267
186 An Gleim am 20.2.1772, in: WB 4, S. 467
187 An Riedel am 16.6.1772, in: WB 4, S. 535
188 Kaiserin Maria Theresia an Graf Pergen am 21.12.1771, in: Alfred Ritter von Arneth: Maria Theresia's letzte Regierungszeit: 1763–1780. 3 Bde. Wien 1876–1879. Bd. 3, S. 322
189 An Gleim am 4.5.1772, in: WB 4, S. 491
190 An Iselin am 12.5.1772, in: WB 4, S. 500
191 An Geßner am 13.12.1771, in: WB 4, S. 431 f
192 Vgl. W. Kurrelmeyer: Die Doppeldrucke in ihrer Bedeutung für die Textgeschichte von Wielands Werken. Abhandlungen der Preuß. Akademie der Wissenschaften, Jg. 1913, Phil.-hist. Klasse Nr. 7, Berlin 1913
193 An Auguste v. Keller am 20.5.1772, in: WB 4, S. 514. «Fast alle Fürsten im Reich haben ‹Agathon› schon subskribiert.» Übers. d. Autorin
194 Friedrich Beißner in: Beißner/Jaumann (Hg.), Wieland, Ausgewählte Werke, Bd. 2, S. 919 f
195 WB 4, S. 571
196 WB 4, S. 571 f
197 WB 4, S. 626
198 An Sophie La Roche am 7.8.1772, in: WB 4, S. 594 f
199 An Gleim am 4.5.1772, in: WB 4, S. 489
200 Am 2.9.1772, in: WB 4, S. 623 f
201 Am 8.2.1775, in: WB 5, S. 331
202 An Reinhold am 17.4.1793, in: Robert Keil (Hg.): Aus klassischer Zeit. Wieland und Reinhold. Leipzig und Berlin 1885, S. 168
203 Zitiert nach: Ökonomie und Literatur. Lesebuch zur Sozialgeschichte und Literatursoziologie der Aufklärung und Klassik. Hg. von Heinz Ide und Bodo Lecke (Bremer Kollektiv), Frankfurt 1975, S. 88 f
204 An seine Mutter am 5.10.1772, in: WB 5, S. 9
205 An Riedel am 22.10.1772, in: WB 5, S. 12
206 An Wieland am 10.8.1772, in: WB 4, S. 599
207 An Wieland am 20.8.1772, in: WB 4, S. 599
208 An Sophie La Roche am 29.11.1772, in: Roth (Hg.): Jacobi's auserlesener Briefwechsel, Bd. 1, S. 101
209 Vgl. WB 4, S. 446
210 An Riedel am 17.9.1772, in: WB 4, S. 634
211 An F. H. Jacobi am 4.12.1772, in: WB 5, S. 32
212 An Zimmermann am 22.1.1773, in: WB 5, S. 62
213 Am 9.12.1773, in: Carl Freiherr von Beaulieu-Marconnay: Anna Amalia, Carl August und der Minister von Fritsch. Weimar 1874. Zitiert nach Sengle: Wieland, S. 277 f
214 An F. H. Jacobi am 13.5.1774, in: WB 5, S. 258
215 Vgl. WB 5, S. 396
216 Vgl. Christoph Friedrich Rinck: Studienreise 1783–1784 unternommen im Auftrag des Markgrafen Friedrich von Baden. Hg. von Moritz Geyer. Altenburg 1897, S. 67
217 Vgl. WB 5, S. 398 und S. 401

218 An Gebler am 7.6.1773, in: WB 5, S. 124
219 Sengle: Wieland, S. 280
220 Hermann Meyer: Das Zitat in der Erzählkunst. Zur Geschichte und Poetik des europäischen Romans. 2., durchgesehene Aufl. Stuttgart 1967. Zitiert nach: Schelle (Hg.): Aufsätze nach 1945, S. 135
221 Geschichte des weisen Danischmend, 50. Kapitel, in: SW III, Bd. 8, S. 462
222 An Ring am 22.1.1773, in: WB 5, S. 60
223 Teutscher Merkur. Weimar 1773–1789. 1775 III, S. 193f. Zitiert TM
224 An Gebler am 7.4.1775, in: WB 5, S. 349
225 Sengle: Wieland, S. 407f
226 An Ring am 22.1.1773, in: WB 5, S. 61
227 Christian Heinrich Schmid, Professor der Rede- und Dichtkunst an der Universität Gießen
228 An Meusel am 8.1.1773, in: WB 5, S. 45
229 An Ring am 4.8.1773, in: WB 5, S. 151
230 An Ring am 30.3.1773, in: WB 5, S. 102
231 An Ring am 23.6.1773, in: WB 5, S. 131
232 An F. H. Jacobi am 2.11.1775, in: WB 5, S. 434f
233 Johann Georg Sulzer an Zimmermann im Herbst 1773, in: Eduard Bodemann: Johann Georg Zimmermann. Sein Leben und bisher ungedruckte Briefe an denselben von Bodmer, Breitinger, Geßner, Sulzer, Moses Mendelssohn, Nicolai, der Karschin, Herder und G. Forster. Hannover 1878, S. 229
234 Am 8.8.1773, in: WB 5, S. 155
235 An F. H. Jacobi am 14.8.1773, in: Roth (Hg.): Jacobi's auserlesener Briefwechsel, Bd. 1, S. 133
236 TM 1775 I, S. 282f
237 An Gebler am 21.10.1774, in: WB 5, S. 305f
238 Goethes Werke, 1, 38, S. 35f. Lenz gestand Wieland später, daß er die Farce in Druck gegeben habe. In: WB 5, S. 598
239 TM 1774 II, S. 352
240 TM 1774 II, S. 322
241 Kleist war Anfang 1803 in Oßmannstedt und begeisterte seinen Gastgeber mit Rezitationen aus seiner Tragödie «Robert Guiscard». Vgl. Heinrich von Kleists Lebensspuren. Dokumente und Berichte der Zeitgenossen. Hg. von Helmut Sembdner. Bremen [2]1964, S. 76f
242 An F. H. Jacobi am 21.10.1774, in: WB 5, S. 307
243 An F. H. Jacobi am 10.11.1775, in: WB 5, S. 437f
244 Goethe an Merck am 5.8.1778, in: J. H. Merck, Schriften und Briefwechsel. Hg. von K. Wolff, Leipzig 1909. Zitiert nach Sengle: Wieland, S. 407
245 An Merck am 31.5.1776, in: WB 5, S. 510
246 Zitiert nach dem Katalog: Marivaux – Anatom des menschlichen Herzens. Hg. von Bernd Kortänder und Gerda Scheffel. Düsseldorf 1988, S. 61
247 Vgl. Hans Wahl: Geschichte des Teutschen Merkurs: Ein Beitrag zur Geschichte des deutschen Journalismus im achtzehnten Jahrhundert. Berlin 1914. Reprint New York 1967
248 An den Schweizer Komponisten Philipp Christoph Kayser am 30.9.1776, in: WB 5, S. 554
249 Vgl. Christoph Martin Wieland: Ausgewählte Prosa aus dem Teutschen Merkur. Hg. von Hans Werner Seiffert. Marbach 1963

250 TM 1784 I, S. 269–275
251 TM 1784 I, S. 69–96, 140–170. Vgl. auch Die Aeropetomanie, oder die Neuesten Schritte der Franzosen zur Kunst zu fliegen, TM 1783 IV, S. 69–96
252 SW X, Bd. 30, S. 136
253 TM 1781 I, S. 193–229; II, S. 557–267; III, S. 23–38; TM 1782 III, S. 212–222
254 SW XIV, Supplemente Bd. 6, S. 176–188
255 Ebd. S. 138–175
256 Christine de Pizan: Das Buch von der Stadt der Frauen. Übersetzt und kommentiert von Margarete Zimmermann. Berlin 1989
257 TM 1785 III, S. 193–207; zitiert nach SW X, Bd. 30, S. 137–154
258 Ebd. S. 138f
259 Zitiert nach SW X, Bd. 31, S. 217–241
260 Ebd. S. 240
261 TM 1788 II, S. 97–115; III, S. 121–143. Zitiert nach: SW X, Bd. 30, S. 155–203
262 Ebd. S. 167f
263 Ebd. S. 175f
264 Ebd. S. 171
265 Ebd. S. 178
266 Ebd. S. 183
267 TM 1789 IV, S. 24–60. Zitiert nach: SW IX, Bd. 29, S. 192–234; daraus auch die beiden vorausgegangenen Kurzzitate, S. 192f
268 Ebd. S. 231
269 An Reinhold am 22.7.1792, in: Keil (Hg.): Wieland und Reinhold, S. 150
270 An Gleim am 12.4.1793, in: AB IV, S. 27f
271 Quelle: Die Französische Revolution und ihre Resonanz in Weimar. Ausstellung im Goethe-Nationalmuseum Weimar vom 17.5. bis 3.9.1989
272 TM 1789 I, S. 105–129, S. 259–288, S. 355–383; II, S. 3–48, S. 201–222. Zitiert nach: SW X, Bd. 31, S. 5–437
273 Ebd. S. 88–90
274 An Heinrich Voß am 24.1.1779, in: AB 3, S. 297
275 Bis 1789 hatte Anna Dorothea Wieland vierzehn Kinder geboren, drei waren gestorben
276 An Böttiger am 10.11.1810, in: Frauenzimmer-Almanach zum Nutzen und Vergnügen für das Jahr 1819. Leipzig, S. 32f
277 Heinrich Geßner heiratete 1795 Wielands Tochter Charlotte
278 Karl Mickel in: Christoph Martin Wieland: Peregrinus Proteus. Mit einem Essay von Karl Mickel. Leipzig und München 1985, S. 364
279 am 12.4.1775, in: WB 5, S. 356
280 Sengle: Wieland, S. 323
281 Zu Böttiger am 24.1.1796, in: Böttiger: Literarische Zustände, Bd. 1, S. 177
282 Zu Böttiger am 3.2.1796, in: Böttiger: Literarische Zustände, Bd. 1, S. 179f
283 Ebd.
284 In: Der Schlüssel zur Abderitengeschichte, SW VI, Bd. 20, S. 297
285 Vgl. Die Abderiten, 1. Teil, 3. Buch, 8. Kap., in: SW VI, Bd. 19, S. 321f
286 Ebd. 1. Teil, 1. Buch, 1. Kap., in: SW VI, Bd. 19, S. 10f
287 In: Auszug aus einem Schreiben an einen Freund in D... über die Abderiten im 7. St. des TM 1778 III, S. 243
288 Zu Böttiger am 3.2.1796, in: Böttiger: Literarische Zustände, Bd. 1, S. 179f

289 Ebd.
290 An Merck am 16.1.1777, in: WB 5, S. 602
291 Am 3.4.1777, in: WB 5, S. 602
292 Sengle: Wieland, S. 348f
293 An Merck am 26.5.1777, in: WB 5, S. 619
294 Mozart an seinen Vater am 10.1.1778, in: W. A. Mozart: Briefe und Aufzeichnungen. Gesamtausgabe. Hg. von der internationalen Stiftung Mozarteum Salzburg. Gesammelt und erläutert von Wilhelm A. Bauer und Otto E. Deutsch. 4 Bde. Kassel u. a. 1962f, Bd. 2, S. 222
295 Am 27.12.1777, in: ebd., S. 207
296 Vgl. Aloys Greither: Die sieben großen Opern Mozarts. Heidelberg ³1977, S. 189 und S. 195
297 Vgl. Goethes Werke 4, 4, S. 202
298 Tagebuch Goethes am 26.7.1779, in: Goethes Werke 3, I, S. 91
299 In: Gefundene Blätter aus den neuesten deutschen Literaturannalen (1773), nach Käthe Kluth: Wieland im Urteil der vorklassischen Zeit. Diss. 1927, S. 31
300 Herder an Hamann am 13.1.1777, in: Johann Gottfried Herder: Briefe. Gesamtausgabe 1763–1803. Hg. von Wilhelm Dobbeck und Günter Arnold. Bde. 1–8. Weimar 1977–1984, Bd. 4, S. 24f
301 Herder an Boje, undatiert, in: Herder: Briefe, S. 107
302 An J. G. Jacobi am 1.2.1779, in: Quellen und Forschungen zur Sprach- und Culturgeschichte der germanischen Völker. 124 Bde. Straßburg und Berlin 1874–1918. Bd. 2, S. 73f
303 An Merck am 20.11.1779, in: Karl Wagner (Hg.): Briefe an Johann Heinrich Merck von Goethe, Herder, Wieland und anderen bedeutenden Zeitgenossen. Darmstadt 1855, S. 192f
304 An Hirzel am 28.12.1779, in: AB 3, S. 308
305 Nach Gruber: Wielands Leben, 6. Buch, 7. Kap., S. 381f
306 Sengle: Wieland, S. 363
307 Oberon, An den Leser, SW VII, Bd. 22, S. 7
308 Oberon, 1. Gesang, ebd., S. 3
309 Shakespeare, Hamlet 2, 2
310 Schmidt: Dya na sore, S. 263
311 Jan Philipp Reemtsma: «Zeitgenosse Chr. M. Wieland», in: Die Zeit Nr. 2 vom 6.1.1989, S. 32
312 An Merck am 10.8.1780, in: Wagner (Hg.): Briefe an Merck, S. 179
313 Herder an Hamann im Mai 1781, in: Johann Georg Hamanns Briefwechsel. Hg. von Walter Ziesemer und Arthur Henkel. Wiesbaden und Frankfurt 1955, S. 276
314 Reisetagebuch des Pastors Goeze aus Quedlinburg, 22.6.1782, in: Sammlung kurzer Reisebeschreibungen und anderer zur Erweiterung der Länder- und Menschenkenntniß dienender Nachrichten. Hg. von Johann Bernouilli. 18 Bde. Berlin 1781–1787, Bd. 10, S. 323
315 Aufzeichnung seines Sekretärs Samuel Christoph Abraham Lütkemüller im April 1794, in: Stunden mit Goethe. Hg. von Wilhelm Bode. 9 Bde. Berlin 1905–1913, Bd. 9, S. 91
316 Christoph Martin Wieland: Übersetzung des Horaz. Hg. von Manfred Fuhrmann. Frankfurt 1986, S. 37
317 Ebd. 1. Buch, 1. Brief, Erläuterung 11, S. 65

318 Ebd. 1. Buch, 2. Satire, Einleitung, S. 617
319 Ebd. 1. Buch, 6. Satire, Einleitung, S. 747
320 Böttiger: Literarische Zustände, Bd. 1. S. 143
321 An Knebel am 5. 5. 1782, in: Goethes Werke 4, 5, S. 320
322 Zu brüderlichem Andenken Wielands. In: Goethes Werke 1, 36, S. 329f
323 Der Christoph-Martin-Wieland-Preis, mit 10000 DM bzw. 12000 Euro dotiert, wird seit 1979 alle zwei Jahre von der Landesregierung Baden-Württemberg und dem Freundeskreis zur internationalen Förderung literarischer und wissenschaftlicher Übersetzungen vergeben
324 Walter Jens: Christoph Martin Wieland: Probleme eines Übersetzers. In: Walter Jens: Ort der Handlung ist Deutschland. Reden in erinnerungsfeindlicher Zeit. München 1981, S. 190f
325 Vgl. am 30. 3. 1767 an Geßner, in: WB 3, S. 439
326 Aufzeichnung Böttigers nach einem Gespräch mit Wieland am 10. 11. 1794, in: Böttiger: Literarische Zustände, Bd. 1, S. 144
327 Gleim an Uz am 23. 12. 1786, in: Briefwechsel zwischen Gleim und Uz. Hg. von Karl Schüddekopf. Tübingen 1899 (Bibliothek des litterarischen Vereins in Stuttgart, Bd. 218), S. 430
328 An Merck am 17. 12. 1786, in: Wagner (Hg.): Briefe an Merck, S. 496
329 Gruber: Wielands Leben, 6. Buch, S. 416f
330 Göttergespräche, Inhalt in: SW VII, Bd. 25, S. 12
331 Ebd. S. 273
332 Mickel in: Wieland: Peregrinus Proteus. S. 253
333 Ebd.
334 Sengle: Wieland, S. 479
335 Aufzeichnung Böttigers am 19. 2. 1795, in: Böttiger: Literarische Zustände, Bd. 1, S. 151 f
336 Agathodämon, 7. Buch. in: SW X, Bd. 32, S. 469
337 Ebd. S. 473
338 Xenion 270 von Goethe und Schiller in Schillers Musen-Almanach für das Jahr 1797. Tübingen 1796; zitiert nach: Gruber: Wielands Leben, 8. Buch, S. 235
339 Xenion 73, ebd.
340 Gruber: Wielands Leben, 8. Buch, S. 239
341 Er und ich, in: ebd., S. 237–248
342 An Lavater am 7. 9. 1775, in: WB 5, S. 412f
343 An Lavater am 21. 6. 1776. in: WB 5, S. 517
344 Caroline von Herder: Erinnerungen aus dem Leben Johann Gottfried von Herders. 2 Teile. Hg. von Johann Georg Müller. Tübingen 1820, Teil 2, S. 6
345 Athenäum. Eine Zeitschrift. Hg. von August Wilhelm Schlegel und Friedrich Schlegel. Berlin 1798–1800. Reprint Darmstadt 1970, Bd. 2, S. 340
346 Ludwig Heinrich Christoph Hölty: Der Wollustsänger. In: Musenalmanach für das Jahr 1775. Göttingen, S. 230
347 An Gleim am 22. 12. 1778, in: AB 3, S. 293
348 An Böttiger am 22. 8. 1799, in: Journal of English and Germanic Philology. Bloomington, Ind., und Urbania, Ill., 1897f, LXV, S. 650
349 Das einstige Gutshaus beherbergte die einzige Wieland-Schule der DDR; den Speisesaal schmückte ein Porträt von Schiller. Im Erdgeschoß waren ein Flur und zwei Räume als Wieland-Gedenkstätte gestaltet; der Rokoko-Garten und das Grab unter alten Bäumen am Ilmbogen erinnern an Wieland

350 An Göschen am 25. 7. 1797, in: Gruber: Wielands Leben, 7. Buch, S. 184
351 Goethe an Schiller am 21. 6. 1797, in: Goethes Werke 4, 2, S. 163
352 Wieland war, wie Alan Menhennet ihn in seinem gleichnamigen Aufsatz in MLN, S. 522f nennt, ein «Armchair Traveller» – er kannte die Welt vor allem aus Büchern; weiter als bis Magdeburg im Norden, Düsseldorf im Westen, Bern im Süden und Dresden im Osten war er nie gekommen
353 Aufzeichnung Böttigers am 31. 10. 1796, in: Böttiger: Literarische Zustände, Bd. 1, S. 194
354 Vgl. Goethes Werke 1, 35, S. 29f
355 Eine Beobachtung von Herder, in: Böttiger: Literarische Zustände, Bd. 1, S. 247
356 Aufzeichnung Lütkemüllers Ende Juli 1799, in: Berühmte Schriftsteller der Deutschen. Hg. von F. W. Gubitz. 2 Bde. Berlin 1854–1855, Bd. 1, S. 227
357 An Sophie Brentano etwa am 5. 10. 1799, in: Studien zur Goethezeit: Festschrift für Liselotte Blumenthal. Weimar 1968, S. 415f
358 Analog dem Sabinum des Horaz, vgl. Gruber: Wielands Leben, 7. Buch, S. 183
359 Aufzeichnung Lütkemüllers im August 1800, in: Gruber: Wielands Leben, 8. Buch, S. 321
360 An Göschen am 29. 9. 1800, in: ebd., S. 324
361 Aufzeichnung Lütkemüllers, in: ebd., S. 321
362 An Göschen am 12. 10. 1800, in: Goethe- und Schillerarchiv, Weimar, Handschrift 93/N 27, Nr. 129
363 Sengle: Wieland, S. 507
364 In: Schmidt: Dya na sore, S. 247f
365 Reemtsma: «Zeitgenosse Wieland», S. 33
366 Carl Bertuch an Böttiger im Spätherbst 1812, in: Sächsische Landesbibliothek Dresden, Ms. h. 37, Bd. 11, Nr. 95
367 Aufzeichnung seiner Tochter Wilhelmine Schorcht am 20. 1. 1813, in: Jahrbuch der Goethe-Gesellschaft. Weimar 1914–1935, Bd. 8, S. 155
368 Totenbuch der Stadtkirche Weimar, in: Württembergische Vierteljahreshefte für Landesgeschichte. Stuttgart 1892–1936, NF XXII, S. 251

Zeittafel

1733 5. September: Christoph Martin Wieland in Oberholzheim bei Biberach geboren
1736 Übersiedlung in die Freie Reichsstadt Biberach
1747 Als Internatsschüler in Klosterberg bei Magdeburg
1749 Beendigung der Schulzeit. Aufenthalt bei J. W. Baumer in Erfurt
1750 Rückkehr nach Biberach. Verlobung mit Sophie Gutermann, der späteren Frau von La Roche (Großmutter von Clemens und Bettine Brentano). – Jurastudium in Tübingen
1751 *Die Natur der Dinge.* Naturphilosophisches Lehrgedicht in Alexandrinern (erschienen 1752). – *Hermann.* Fragment in Hexametern
1752 (bis 1754) Gast im Hause Johann Jacob Bodmers in Zürich
1753 (Dezember) Sophie Gutermann löst ihre Verlobung mit Wieland
1754 (bis 1759) Hauslehrer in Zürich
1758 *Lady Johanna Gray.* Ein Trauerspiel in Blankversen. Uraufführung in Winterthur (20. Juli)
1759 *Cyrus.* Unvollendetes Heldengedicht. – Übersiedlung nach Bern. Hauslehrer beim Landvogt Friedrich von Sinner. – Verlobung mit Julie Bondeli
1760 30. April: Einstimmige Wahl zum Senator in Biberach. – 24. Juli: Wahl zum Kanzleiverwalter
1761 Beginn der Besuche bei Heinrich Friedrich Graf von Stadion auf Schloß Warthausen. – Wieland wird Direktor der Evangelischen Komödiantengesellschaft und inszeniert Shakespeares «Sturm» – Übersetzung von 22 Shakespeare-Dramen ins Deutsche (bis 1766). Verbindung mit Christine («Bibi») Hogel (bis 1763)
1764 *Der Sieg der Natur über die Schwärmerey oder die Abenteuer des Don Sylvio von Rosalva.* Satirischer Roman
1765 21. Oktober: Heirat mit der Augsburger Kaufmannstochter Anna Dorothea von Hillenbrand. – *Comische Erzählungen*
1766 *Geschichte des Agathon* (1. Fassung). Roman
1768 *Idris und Zenide. – Musarion oder die Philosophie der Grazien*
1769 Ernennung zum Kurmainzischen Regierungsrat und Professor der Philosophie an der Universität Erfurt
1770 *Sokrates Mainómenos oder die Dialogen des Diogenes von Sinope. – Die Grazien*
1771 Frühjahr: Reise nach Koblenz, Mainz, Darmstadt. – *Der Neue Amadis* – Bearbeitung und Edition der *Geschichte des Fräuleins von Sternheim* von Sophie von La Roche

1772 *Der goldne Spiegel oder die Könige von Scheschian*. Roman. – September: Berufung als Erzieher des Erbprinzen Carl August an den Hof der Herzogin Anna Amalia in Weimar
1773 Erscheinungsbeginn der Zeitschrift *Der Teutsche Merkur*, bis 1790 von Wieland herausgegeben. – Wieland inszeniert sein Singspiel *Alceste*. – Der «Göttinger Hainbund» verbrennt bei einer Feier zu Klopstocks Geburtstag Wielands Schriften und sein Bild
1774 *Die Abderiten* erscheinen bis 1781 in Fortsetzungen im *Teutschen Merkur*
1775 *Geschichte des Philosophen Danischmende*. – Ende der Erziehertätigkeit. – 7. November: Goethe trifft in Weimar ein
1776 Herder kommt nach Weimar. – Bis 1781 Verserzählungen (*Geron, Sommermärchen, Hann und Gulpenheh, Schach Lolo, Pervonte*)
1780 20. Januar: Uraufführung von *Rosamund*, Singspiel in drei Aufzügen in Mannheim. – *Oberon*
1782 Übersetzung von Horazens Briefe
1783 *Clelia und Sinibald*
1784 Übersetzung von Horazens Satiren (bis 1786)
1786 *Dschinnistan oder auserlesene Feen- und Geistermärchen*
1787 Schiller kommt nach Weimar. Wieland wird Mitglied der Berliner Akademie
1788 Übersetzung der *Sämtlichen Werke* von Lukian
1791 *Geheime Geschichte des Philosophen Peregrinus Proteus*
1794 Bei G. J. Göschen in Leipzig erscheinen vier Ausgaben seiner *Sämmtlichen Werke* (bis 1811)
1796 Reise nach Leipzig und Dresden. – Reise nach Zürich. – Gründung der Zeitschrift *Attisches Museum*
1797 Übersiedlung von Weimar auf das Landgut Oßmannstedt
1799 *Agathodämon*, Roman. – Übersetzungen von Euripides, Aristophanes, Xenophon. – Besuch von Sophie von La Roche und ihrer Enkelin Sophie Brentano
1800 (bis 1802) *Aristipp und einige seiner Zeitgenossen*, Briefroman. – Sophie Brentano verbringt den Sommer in Oßmannstedt, wo sie am 19. September stirbt
1801 8. November: Tod von Wielands Frau Anna Dorothea
1802 November bis Januar 1803: Besuch von Heinrich von Kleist
1803 Wieland muß das Gut verkaufen, Rückkehr nach Weimar
1804 Begegnung mit Madame de Staël. – *Menander und Glycerion*
1805 *Krates und Hipparchia*. – *Das Hexameron von Rosenhain*. Novellen- und Märchenzyklus
1806 (bis 1813) Übersetzung von Ciceros Briefen
1807 Tod von Sophie von La Roche (18. Februar) und der Herzogin Anna Amalia (10. April)
1808 Begegnung mit Napoleon
1809 Eintritt in die Freimaurerloge ‹Amalia›
1813 20. Januar: Wieland stirbt in Weimar. – 18. Februar: Rede Goethes «Zu brüderlichem Andenken Wielands» in der Freimaurerloge

Zeugnisse

Johann Wolfgang von Goethe
Die Wirkungen Wielands auf das Publikum waren ununterbrochen und dauernd. Er hat sein Zeitalter sich zugebildet, dem Geschmack seiner Jahresgenossen sowie ihrem Urteil eine entschiedene Richtung gegeben...

«Rede ‹Zu brüderlichem Andenken Wielands›
in der Loge Amalia in Weimar am 18.2.1813»

Jean Paul
W. ist ein schlanker aufgerichteter mit einer rothen Schärpe und einem Kopftuch umbundner, sich und andere mässigender Nestor, viel von sich sprechend aber nicht stolz – ein wenig aristippisch und nachsichtig gegen sich wie gegen andere – vol Vater- und Gattenliebe – aber von den Musen betäubt, daß ihm einmal seine Frau den Tod eines Kindes 10 Tage sol verborgen haben – inzwischen nicht genialisch über diese Reichsstadt-Welt erhoben, nicht eingreifend wie etwan Herder – vortrefflich im Urtheil über die bürgerlichen, und weniger im Urtheilen über die menschlichen Verhältnisse.

An Christian Otto. Weimar, 30.8.1798

Friedrich Nietzsche
Wieland hat besser, als irgend Jemand, deutsch geschrieben und dabei sein rechtes meisterliches Genügen und Ungenügen gehabt (seine Uebersetzungen der Briefe Cicero's und des Lucian sind die besten deutschen Uebersetzungen); aber seine Gedanken geben uns Nichts mehr zu denken.

«Menschliches, Allzumenschliches» II, 107

Erich Schulze
Er heilte die höheren Stände, die allein bei den Franzosen Geist, Witz und zierliche Grazie zu finden meinten, von ihrer Vorliebe für die französischen Schriftsteller. Er verfeinerte durch seine einschmeichelnde Formkunst den Formgeschmack der mittleren Stände und trug durch seine gefällige, wenn auch nicht tiefe Lebensphilosophie wesentlich zum Fort-

schritt der Bildung und zur Befreiung von dem lehrhaft nüchternen, kunstfeindlichen Rationalismus und von der Engherzigkeit und Beschränktheit, der «Philisterei» der früheren Zeit, bei.

> *«Die deutsche Literatur, Geschichte und Hauptwerke*
> *in den Grundzügen». Zweite, verbesserte Auflage.*
> *Verlag Ernst Hofman & Co., Berlin 1914, S. 142*

Hugo Bieber
Wieland ist mit seiner Vereinigung von Fabulierlust und Interesse an religionsgeschichtlichen und psychologischen Merkwürdigkeiten und Paradoxien ein deutscher Anatole France des 18. Jahrhunderts.

> *«Der Weg der deutschen Dichtung von den Anfängen bis zu Goethe».*
> *Volksverband der Bücherfreunde, Wegweiser-Verlag, Berlin 1925, S. 310*

Hermann Hesse
Dieses Wieland'sche Deutsch, namentlich die Prosa der «Abderiten» und des «Agathon», hat etwas musterhaft Klares und Gebändigtes. Hinzu kommt Wielands Humor, ein etwas skeptischer und kritischer, aber graziöser und kräftiger Humor. Dieser Humor spielt überall auch im «Oberon», und ihn betrachte ich doch als Wielands gelungenstes und liebenswertestes Werk. Wenn die «Abderiten» etwas Voltairisches an sich haben, so steht über dem «Oberon» der Stern Ariosts, und ich bewundere an ihm ganz besonders die diskrete Mitte zwischen Schöpfung und Nachschöpfung, den Geist von Spiel und Virtuosität, der originell und selbstbewußt genug ist, um seine Vorbilder nicht verschleiern zu müssen.

> *«Festschrift zum 200. Geburtstag des Dichters Christoph*
> *Martin Wieland». Herausgegeben von der Stadtgemeinde*
> *und dem Kunst- und Altertumsverein Biberach/*
> *Riß 1933 im Selbstverlag der Herausgeber, S. 116*

Theodor Heuss
Die Zahl derer, denen die Begegnung mit Wieland eine unmittelbare Auseinandersetzung mit menschlichem Wesen und schöpferischem Dichtertum aufzwingt, mag heute gering geworden sein. Aber er bleibt wichtig und wird fast immer interessanter, wenn man ihn in seinem geschichtlichen Raum sieht. Im schwäbischen Raum ist er ein Sonderfall – so melodiös als Verskünstler, doch kein Lyriker. Und auch dies, nun positiv gewandt, der eigentliche, der einzige Epiker Schwabens... Darin sehe ich nun seine gesonderte Stellung inmitten der anderen Schwaben: er ist der eigentliche Weltbürger zwischen ihnen, bloß daß dieser Begriff bei ihm nichts von Pathos besitzt.

> *«Festschrift zum 200. Geburtstag des Dichters Christoph*
> *Martin Wieland». Herausgegeben von der Stadtgemeinde*
> *und dem Kunst- und Altertumsverein Biberach/Riß 1933, S. 120f*

Arno Schmidt
Ich empfehle Ihnen, das ganze prächtige Stück, ‹Clelia und Sinibald, oder die Bevölkerung von Lampeduse› nachzulesen. Dazu die verwandten: ‹Idris und Zenide›; den berühmteren, aber um 1 Klasse minderen ‹Oberon›; den ‹Neuen Amadis› zumal, den Lessing immer wieder aufs neue fleißig durchstudierte, und dabei anerkennend von «Wielands glücklicher Wörterfabrique» sprach.

«*Dya na sore. Gespräche in einer Bibliothek*».
Stahlberg, Karlsruhe 1958, S. 263

Hans Mayer
Wer den [Oberon] bloß lesen möchte, um eine spannende Geschichte zu erfahren, wird rasch und gelangweilt das Buch aus der Hand legen und von den bezaubernden Stanzen Wielands wieder zur Prosa des Romanalltags zurückkehren. Wer aber Schönheit der Sprache, höchsten Zauber deutscher Verskunst, Kolorit der Rokokomalerei und sittliche Festigkeit eines großen deutschen Aufklärers erleben möchte, sollte sich von neuem dem Dichter und seiner Muse zum Ritt ins alte romantische Land anvertrauen. Es gibt auch beim Erlebnis deutscher Sprachkunst des 18. Jahrhunderts eine Beglückung, die sich vergleichen läßt der Wirkung großer Suiten und Symphonien.

«*Das unglückliche Bewußtsein. Zur deutschen Literaturgeschichte von Lessing bis Heine*». *Suhrkamp, Frankfurt a. M. 1986*

Bibliographie

1. Bibliographie, Nachschlagewerke

GÜNTHER, GOTTFRIED/ZEILINGER, HEIDI: Wieland-Bibliographie. Berlin und Weimar 1983
SEUFFERT, BERNHARD: Prolegomena zu einer Wieland-Ausgabe I–IX. Abhandlungen der Preußischen Akademie der Wissenschaften. Phil.-hist. Kl, Berlin 1904–1941. Reprint Hildesheim 1989
OTTENBACHER, VIIA: Wieland-Bibliographie 1983–1988. In: Wieland-Studien Bd. 1, Sigmaringen 1991
–/ZEILINGER, HEIDI: Wieland-Bibliographie 1988–1992 bzw. 1993–1995. In: Wieland-Studien. Bd. 2 bzw. Bd. 3, Sigmaringen 1994 und 1996

2. Werke

I. Gesamtausgaben

Gesammelte Schriften. 21 Bde. in 15. Hg. von der Preußischen Akademie der Wissenschaften, Berlin 1909–1940. Reprint Hildesheim 1986f
Sämmtliche Werke. 45 Bde. in 14 nebst ‹Wielands Leben› von J. G. GRUBER. Reprint der «wohlfeilen Göschen-Volksausgabe letzter Hand» 1794–1811. Hg. von der Hamburger Stiftung zur Förderung von Wissenschaft und Kultur JAN PHILIPP REEMTSMA in Zusammenarbeit mit dem Wieland-Archiv und HANS RADSPIELER. Nördlingen 1984

II. Teilsammlungen, Auswahlausgaben

Teutscher Merkur. Weimar 1773–1789
Ausgewählte Werke. 4 Bde. Hg. von FRIEDRICH BEISSNER und HERBERT JAUMANN. München 1964–1979
Werke. 5 Bde. Hg. von FRITZ MARTINI und HANS WERNER SEIFFERT. München 1964–1968
Wieland-Lesebuch. Hg. von HEINRICH BOCK. Frankfurt a. M. ²1998
Werke. 4 Bde. Hg. von HANS BÖHM. Berlin und Weimar ³1984
Werke. 12 Bde. Hg. Von MANFRED FUHRMANN, SVEN-AAGE JØRGENSEN, KLAUS MANGER, HANSJÖRG SCHELLE. Frankfurt a. M. 1986f (Geschichte des Agathon,

1. Fassung. Hg. von KLAUS MANGER 1986; Übersetzung des Horaz. Hg. von MANFRED FUHRMANN 1986; Aristipp und einige seiner Zeitgenossen. Hg. von KLAUS MANGER 1988
Politische Schriften, insbesondere zur Französischen Revolution. 3 Bde. Hg. von JAN PHILIPP REEMTSMA, HANS und JOHANNA RADSPIELER. Nördlingen 1988
Von der Freiheit der Literatur. Kritische Schriften und Publizistik. 2 Bde. Hg. von WOLFGANG ALBRECHT. Frankfurt a. M. 1997

III. Einzelausgaben

Die Abenteuer des Don Sylvio von Rosalva. Erste Fassung. Hg. von SVEN-AAGE JØRGENSEN. Stuttgart 2001
Aristipp und einige seiner Zeitgenossen. Hg. von KLAUS MANGER. Frankfurt a. M. 1988
Aristipp und einige seiner Zeitgenossen. Hg. von JAN PHILIPP REEMTSMA und HANS und JOHANNA RADSPIELER. Zürich 1993
Comische Erzählungen. Combabus. Der verklagte Amor. Hamburg (i. e. Nördlingen) 1984
Dschinnistan oder Auserlesene Feen- und Geistermärchen. Nachw. von WILLY RICHARD BERGER. Zürich 1992
Geschichte der Abderiten. Mit einem Nachwort v. KARL HANS BÜHNER. Stuttgart 1989
Geschichte der Abderiten. Reinbek bei Hamburg 1987
Geschichte des Agathon. Erste Fassung. Unter Mitwirkung von REINHARD DÖHL. Hg. von FRITZ MARTINI. Stuttgart 1993
Geschichte des Agathon. Hg. von KLAUS MANGER. Frankfurt a. M. 1986
Der goldne Spiegel und andere politische Dichtungen. Anmerkungen, Zeittaf. und Nachw. von HERBERT JAUMANN. München 1979
Das Hexameron von Rosenhain. Mit einem Nachwort von PETER GOLDAMMER. Berlin 1999
Horazens Satiren aus dem Lateinischen übersetzt und mit Einleitungen und erläuternden Anmerkungen versehen von C. M. Wieland. Hg. von HANS RADSPIELER. Nördlingen 1985
Horazens Briefe aus dem Lateinischen übersetzt und mit historischen Einleitungen und andern nöthigen Erläuterungen versehen von C. M. Wieland. Hg. von HANS RADSPIELER. Nördlingen 1986
* Koxkox und Kikequetzel: Eine Mexikanische Geschichte. Nördlingen 1985
Klelia und Sinibald oder Die Bevölkerung von Lampeduse. Gelesen von JAN PHILIPP REEMTSMA. 3 CDs und Beiheft. steinbach sprechende bücher 2002
Die Kunst zu lieben. Erotische Dichtung und Prosa. Hg. und mit einem Nachwort von WOLFGANG TENZLER. Berlin (DDR) [4] 1987
Lukian von Samosata: Lügengeschichten und Dialoge. Aus dem Griechischen übersetzt und mit Anmerkungen und Erläuterungen versehen von Christoph Martin Wieland. Nördlingen 1985
Lukian: Der Lügenfreund. Satirische Gespräche und Geschichten. (Ausgewählt von WOLFGANG RITSCHEL. Aus dem Griechischen übers. von CHRISTOPH MARTIN WIELAND. Textrevision HERBERT GREINER-MAI.) Berlin und Weimar 1988
Menander Glycerion. Hg. von JAN PHILIPP REEMTSMA und HANS und JOHANNA RADSPIELER. Zürich 1994

Menander und Glycerion. Ein Briefroman aus dem Jahre 1803. Gelesen von JAN PHILIPP REEMTSMA. 3 CDs und Beiheft. BMG Wort 2001

Musarion oder Die Philosophie der Grazien. Ein Gedicht in drei Büchern. Mit Erläuterungen und einem Nachwort hg. von ALFRED ANGER. Durchges. und bibliogr. erg. Ausg. Stuttgart 1993

Musarion oder Die Philosophie der Grazien. (Nachdruck der Ausgabe Leipzig, 1769). Hildesheim und Zürich 1987

Der Neue Amadis. Ein comisches Gedicht in Achtzehn Gesängen. Hg. von JAN PHILIPP REEMTSMA und HANS und JOHANNA RADSPIELER. Zürich 1995

Narcissus und Narcissa. Erzählung. Hg. und mit einem Nachwort versehen von ERICH UNGLAUB. Friedberg/Bayern 1984

Oberon. Ein romantisches Heldengedicht in zwölf Gesängen. Hg. von SVEN-AAGE JØRGENSEN. Stuttgart 1990

Oberon. Ein romantisches Heldengedicht in zwölf Gesängen. Berlin 1991 (Text nach der Ausg. letzter Hand 1794)

Peregrinus Proteus. Mit einem Essay von Karl Mickel. Leipzig und München 1985 (Bibliothek des 18. Jahrhunderts)

Peregrinus Proteus. Mit einer Vorrede von JAN PHILIPP REEMTSMA und Notizen zum Text von HANS RADSPIELER. Nördlingen 1985

Shakespeare, William: Theatralische Werke in 21 Einzelbänden. Übers. von Christoph Martin Wieland. Nach der ersten Zürcher Ausgabe von 1762–1766 neu hg. von HANS und JOHANN RADSPIELER. Zürich 1993–1995

Der Sieg der Natur über die Schwärmerey, oder die Abentheuer des Don Sylvio von Rosalva, Eine Geschichte worinn alles Wunderbare natürlich zugeht. Hg. von JAN PHILIPP REEMTSMA und HANS und JOHANNA RADSPIELER. Zürich 1997

Sokrates Mainomenos oder die Dialogen des Diogenes von Sinope: aus einer alten Handschrift. Leipzig 1984

Ausgewählte Prosa aus dem Teutschen Merkur. Hg. von HANS WERNER SEIFFERT. Marbach 1963

3. Briefe

WIELAND, LUDWIG (Hg.): Auswahl denkwürdiger Briefe von C. M. Wieland. 2 Bde. Wien 1815

GESSNER, HEINRICH (Hg.): Ausgewählte Briefe von C. M. Wieland an verschiedene Freunde in den Jahren 1751 bis 1810. 4 Bde. Zürich 1815–1816

HORN, FRANZ (Hg.): C. M. Wielands Briefe an Sophie von La Roche. Berlin 1820

HASSENCAMP, ROBERT (Hg.): Neue Briefe C. M. Wielands vornehmlich an Sophie von La Roche. Stuttgart 1894

WAGNER, KARL (Hg.): Briefe an Johann Heinrich Merck, von Goethe, Herder, Wieland und anderen bedeutenden Zeitgenossen. Darmstadt 1835

WAGNER, KARL (Hg.): Briefe an und von Johann Heinrich Merck. Darmstadt 1838

Christoph Martin Wieland: Briefwechsel. Hg. von der Deutschen Akademie der Wissenschaften zu Berlin. Berlin 1963 ff

SUDHOF, SIEGFRIED (Hg.): Sophie Brentano – Christoph Martin Wieland. Briefwechsel 1799/1800. Frankfurt a. M. 1980

MAURER, MICHAEL (Hg.): Ich bin mehr Herz als Kopf. Sophie von La Roche. Ein Lebensbild in Briefen. München 1983

Wieland, C. M., Sophie Brentano: Briefe und Begegnungen. Hg. von OTTO DRUDE. Weinheim 1989

Wieland: Mit fliegender Feder. Ausgewählte Briefe. Hg. von HEINRICH BOCK. Frankfurt a. M. 1990

4. Lebenszeugnisse

GRUBER, JOHANN GOTTFRIED: Wielands Leben, mit Einschluß vieler noch ungedruckter Briefe. 4 Teile. Leipzig 1827/28 (Reprint in: Sämmtliche Werke)

BÖTTIGER, KARL AUGUST: Literarische Zustände und Zeitgenossen. In: Schilderungen aus Karl August Böttigers handschriftlichem Nachlasse. Hg. von KARL WILHELM BÖTTIGER. 2 Bde. Leipzig 1838. Neu-Ausgabe hg. von KLAUS GERLACH und RENÉ STERNKE. Berlin 1998

LÜTKEMÜLLER, SAMUEL CHRISTOPH ABRAHAM: Wielands Privatleben. In: Berühmte Schriftsteller der Deutschen. Hg. von FRIEDRICH WILHELM GUBITZ. Bd. 1. Berlin 1854, S. 153–246

OFTERDINGER, FELIX LUDWIG: Christoph Martin Wielands Leben und Wirken in Schwaben und in der Schweiz. Heilbronn 1877

KEIL, ROBERT (Hg.): Aus klassischer Zeit. Wieland und Reinhold. Leipzig und Berlin 1885

«Ergetzen ist der Musen Pflicht». Geschichten und Anekdoten über Christoph Martin Wieland. Gesammelt und herausgegeben von EGON FREITAG. Jena 2001

5. Zeitgenössische Literatur

Allgemeine deutsche Bibliothek. Bd. 1–118. Berlin und Stettin 1765–1792 (Bd. 1–106). Kiel 1792–1796 (Bd. 107–118)

Allgemeine Literatur-Zeitung. Hg. von CHRISTIAN GOTTFRIED SCHÜTZ, GOTTFRIED HUFELAND u. a. Jena 1785–1804

Athenäum. Eine Zeitschrift. Hg. von AUGUST WILHELM SCHLEGEL und FRIEDRICH SCHLEGEL. Bd. 1–3. Berlin 1798–1800. Reprint Darmstadt 1970

BLANCKENBURG, FRIEDRICH VON: Versuch über den Roman. Faksimiledruck der Originalausgabe von 1774. Mit einem Nachwort von EBERHARD LÄMMERT. Stuttgart 1965

EDUARD BODEMANN: Johann Georg Zimmermann. Sein Leben und bisher ungedruckte Briefe an denselben von Bodmer, Breitinger, Geßner, Sulzer, Moses Mendelssohn, Nicolai, der Karschin, Herder und G. Forster. Hannover 1878

Briefe von und an J. M. R. Lenz. Hg. von KARL FREYE und WOLFGANG STAMMLER. 2 Bde. Leipzig 1918

Briefwechsel zwischen Gleim und Heinse. Hg. von KARL SCHÜDDEKOPF. 2 Bde. Weimar 1894–1895

H. W. v. Gerstenbergs Rezensionen in der Hamburgischen Neuen Zeitung 1767–1771. Hg. von O. FISCHER, Berlin 1904, in: Deutsche Literaturdenkmale des 18. und 19. Jahrhunderts, Nr. 128, Liechtenstein 1968

Goethes Leben von Tag zu Tag. Eine dokumentarische Chronik von ROBERT STEIGER. 9 Bde. Zürich 1982 ff

Goethe in vertraulichen Briefen seiner Zeitgenossen. Hg. von WILHELM RODE. 3 Bde. Berlin 1921–1923

Goethes Gespräche. Eine Sammlung zeitgenössischer Berichte aus seinem Umgang auf Grund der Ausgabe und des Nachlasses von Flodoard Freiherr von Biedermann ergänzt und hg. von WOLFGANG HERWIG. Zürich und Stuttgart 1965–1972

Goethes Werke. Hg. im Auftrag der Großherzogin Sophie von Sachsen. Abt. 1–4, Bd. 1 ff, Weimar 1887–1912

Hallers Literaturkritik. Hg. von KARL S. GUTHKE. Tübingen 1970

HERDER, CAROLINE VON: Erinnerungen aus dem Leben Johann Gottfried von Herders. 2 Teile. Hg. von JOHANN GEORG MÜLLER. Tübingen 1820

HERDER, JOHANN GOTTFRIED: Briefe. Gesamtausgabe 1763–1803. Hg. von WILHELM DOBBEK und GÜNTER ARNOLD. Bde. 1–9. Weimar 1977ff

Friedrich Heinrich Jacobi's auserlesener Briefwechsel. Hg. von FRIEDRICH ROTH. 2 Bde. Leipzig 1825–1827

LA ROCHE, SOPHIE VON: Mein Schreibetisch. 2 Bde. Leipzig 1799

LESSING, GOTTHOLD EPHRAIM: Sämtliche Schriften. Hg. von KARL LACHMANN. Stuttgart 1912

Morgenblatt für gebildete Stände. Stuttgart und Tübingen 1807–1865

MOZART, W. A.: Briefe und Aufzeichnungen. Gesamtausgabe. Hg. von der internationalen Stiftung Mozarteum Salzburg. Gesammelt und erläutert von WILHELM A. BAUER und OTTO E. DEUTSCH. 4 Bde. Kassel, Basel, London und New York 1962f

Neue Bibliothek der schönen Wissenschaften und der freyen Künste, Leipzig 1765–1806

HEINRICH PRÖHLE: Lessing, Wieland, Heinse. Berlin 1877

Schillers Briefe. Hg. und mit Anmerkungen versehen von FRITZ JONAS. Kritische Gesamtausgabe. Bd. 1–7. Stuttgart, Leipzig u. a. 1892–1896

6. Gesamtdarstellungen

HECKER, JUTTA: Wieland. Berlin (DDR) [4] 1990

JØRGENSEN, SVEN-AAGE u. a.: Wieland. Epoche, Werk, Wirkung. Arbeitsbuch. München 1994

MCCARTHY, JOHN A.: Christoph Martin Wieland. Boston 1979

PAULSEN, WOLFGANG: Christoph Martin Wieland. Der Mensch und sein Werk in psychologischer Perspektive. Bern und München 1975

PÜTZ, PETER: Christoph Martin Wieland. In: Deutsche Dichter des 18. Jahrhunderts. Ihr Leben und Werk, hg. von BENNO VON WIESE. Berlin 1977, S. 340–370

SCHAEFER, KLAUS: Christoph Martin Wieland. Stuttgart 1996

SENGLE, FRIEDRICH: Wieland. Stuttgart 1949

SOMMER, CORNELIUS: Christoph Martin Wieland. Stuttgart 1971

STARNES, THOMAS C.: Christoph Martin Wieland. Leben und Werk. Aus zeitgenössischen Quellen chronologisch dargestellt. 3 Bde. Sigmaringen 1987

STORZ, GERHARD: Christoph Martin Wieland. In: Lebensbilder aus Schwaben und Franken. Bd. 14. Stuttgart 1980, S. 98–142

Wieland in Bildern. Fotogr.: RAINER KOPF. Texte: HEINRICH BOCK. Red. und Bildausw. VIIA OTTENBACHER. Biberach 1998

7. Aufsatzsammlungen

Wieland. Vier Biberacher Vorträge 1953. Gehalten von FRIEDRICH BEISSNER. EMIL STAIGER, FRIEDRICH SENGLE, HANS WERNER SEIFFERT. Wiesbaden 1954

Christoph Martin Wieland-Symposion, 1.–3. 9. 1983 in Biberach an der Riß. In: Modern Language Notes, Volume 99 (Nr. 3) German Issue, 1984 (MLN)

Christoph Martin Wieland und die Antike. Eine Aufsatzsammlung. (Überarb. Beiträge eines Kolloquiums in Erfurt 1983) Stendal 1986

HEINZ, ANDREA (Hg.): «Der Teutsche Merkur» – die erste deutsche Kulturzeitschrift? Heidelberg 2003

HÖHLE, THOMAS (Hg.): Wieland-Kolloquium Halberstadt 1983. Martin-Luther-Universität, Halle-Wittenberg, Wissenschaftliche Beiträge 1985

HÖHLE, THOMAS (Hg.): Das Spätwerk Christoph Martin Wielands und seine Bedeutung für die deutsche Aufklärung. 4. Halberstädter Kolloquium 1987. Martin-Luther-Universität, Halle-Wittenberg, Wissenschaftliche Beiträge 1988

REEMTSMA, JAN PHILIPP: Der Liebe Maskentanz. Aufsätze zum Werk Christoph Martin Wielands. Zürich 1999

SCHELLE, HANSJÖRG (Hg.): Christoph Martin Wieland. Aufsätze aus der Zeit nach 1945 (mit Bibliographie der Editionen und Literatur seit 1945). Darmstadt 1981

SCHELLE, HANSJÖRG (Hg.): Christoph Martin Wieland. Nordamerikanische Forschungsbeiträge zur 250. Wiederkehr seines Geburtstages 1983. Tübingen 1984

Wieland-Studien. Hg. von KLAUS MANGER (Bd. 1: HANS RADSPIELER) und vom Wieland-Archiv Biberach. Sigmaringen 1991 ff

8. Untersuchungen

a) Allgemeines

BÄPPLER, KLAUS: Der philosophische Wieland. Stufen und Prägungen seines Denkens. Bern und München 1974

BAUCH, KLAUS-P./SCHRÖDER, MARIA-B. (Hg.): Alphabetisches Verzeichnis der Wieland-Bibliothek. Hannover 1993

BENJAMIN, WALTER: C. M. Wieland (1933). In: Schriften, Bd. 2, Frankfurt a. M. 1955, S. 330–342

BLASIG, UWE: Die religiöse Entwicklung des frühen Christoph Martin Wieland. Frankfurt a. M., Bern u. a. 1990

BOCK, HEINRICH: Wieland in Biberach und Weimar. Stuttgart 1990

BOCK, HEINRICH / RADSPIELER, HANS: Gärten in Wielands Welt. Marbacher Magazin 40. Marbach ²1998

Fertig, Ludwig: Christoph Martin Wieland der Weisheitslehrer. Darmstadt 1991

HIRZEL, LUDWIG: Wielands Beziehungen zu den deutschen Romantikern. Untersuchungen zur neueren Sprach- und Literaturgeschichte. Bern 1904. Reprint Hildesheim 1974

HOFMANN, MICHAEL: Reine Seelen und komische Ritter. Stuttgart 1998

MCCARTHY, JOHN A.: Fantasy and Reality: An Epistemological Approach to Wieland. Bern, Frankfurt a. M. 1974

MARTIN, DIETER: Das deutsche Versepos im 18. Jahrhundert. Studien und kommentierte Gattungsbibliographie. Berlin u. a. 1993 (zugl. Diss. Heidelberg 1992)

MICHEL, VICTOR: C.-M. Wieland. La formation et l'évolution de son esprit jusqu'en 1772. Paris 1938

MÜLLER-SOLGER, HERMANN: Der Dichtertraum. Studien zur Entwicklung der dichterischen Phantasie im Werk Christoph Martin Wielands. Göppingen 1970

NOLTING, KLAUS: Die Kunst zu leben oder Die Natur weiß nichts von Idealen. Eine Untersuchung zur Grundhaltung der Mäßigung im Werk und Leben Christoph Martin Wielands. Frankfurt a. M. 1995

OETTINGER, KLAUS: Phantasie und Erfahrung. Studien zur Erzählpoetik Christoph Martin Wielands. München 1970

PAULSEN, WOLFGANG: Die emanzipierte Frau in Wielands Weltbild. In: Die Frau als Heldin und Autorin. Neue kritische Ansätze zur deutschen Literatur. Hg. von WOLFGANG PAULSEN. Bern und München 1979

POITZSCH, MANFRED A.: Zeitgenössische Persiflagen auf C. M. Wieland und seine Schriften. Frankfurt a. M. 1972

POLHEIM, KARL (Hg.): Theorie und Kritik der deutschen Novelle von Wieland bis Musil. Tübingen 1970

RADSPIELER, HANS: Christoph Martin Wieland. In: Genie und Geld. Vom Auskommen deutscher Schriftsteller. Hg. von KARL CORINO. Nördlingen 1987, S. 165–177

RADSPIELER, HANS: Christoph Martin Wieland 1733–1813. Sein Leben und Wirken in Oberschwaben. Ausstellungskatalog. Weißenhorn 1983

RATZ, ALFRED: Freiheit des Individuums und Gesellschaftsordnung bei Christoph Martin Wieland. Ein Beitrag zur Weimarer Klassik. Bern und Frankfurt a. M. 1974

RUPPEL, HARRY: Wieland in der Kritik. Die Rezeptionsgeschichte eines klassischen Autors in Deutschland. Diss. phil. Frankfurt a. M. 1980

SAHMLAND, IRMTRAUD: Christoph Martin Wieland und die deutsche Nation. Zwischen Patriotismus, Kosmopolitismus und Griechentum. Tübingen 1990

SCHELLE, HANSJÖRG: Wielands Beziehungen zu seinen Leipziger Verlegern. In: Lessing Yearbook, München. 3 Teile. 1975. 1976. 1977

SCHMIDT, ARNO: Wieland, oder Die Prosaformen. In: Dya na sore. Gespräche in einer Bibliothek. Karlsruhe 1958, S. 231–275

SULZER, DIETER / VOLKE, WERNER in Zusammenarbeit mit WESTHOFF, HEIDE: Wieland – Schubart. Marbacher Kataloge Nr. 31. Marbach [2] 1983

UNGERN-STERNBERG, WOLFGANG VON: Schriftsteller und literarischer Markt. In: Deutsche Aufklärung bis zur Französischen Revolution, 1680–1789. Hg. von ROLF GRIMMINGER. Hansers Sozialgeschichte der deutschen Literatur vom 16. Jahrhundert bis zur Gegenwart. München 1980

VOSS, JENS: «... das Bißchen Gärtnerey». Unters. zur Garten- und Naturmotivik bei Christoph Martin Wieland. Frankfurt a. M. u. a. 1993 (Europäische Hochschulschriften. Reihe 1, Dt. Sprache u. Literatur 1407, zugl. Diss. Bonn 1993)

WÜRZNER, HANS: C. M. Wieland. Versuch einer politischen Deutung. Diss. phil. Heidelberg 1957

b) Zu einzelnen Werken

CAMPE, JOACHIM: Der programmatische Roman. Von Wielands ‹Agathon› zu Jean Pauls ‹Hesperus›. Bonn 1979

CÖLLN, JAN: Philologie und Roman. Zu Wielands erzählerischer Rekonstruktion griechischer Antike im «Aristipp». Göttingen 1998

Dreger, J. H.: Wielands ‹Geschichte der Abderiten›. Eine historisch-kritische Untersuchung. Göppingen 1973

Erhart, Walter: Entzweiung und Selbstaufklärung. Christoph Martin Wielands «Agathon»-Projekt. Tübingen 1991

Hacker, Margit: Anthropologische und kosmologische Ordnungsutopien. Christoph Martin Wielands «Natur der Dinge», Würzburg 1989

Hemmerich, Gerd: Christoph Martin Wielands ‹Geschichte des Agathon›. Eine kritische Werkinterpretation. (Erlanger Beiträge zur Sprach- und Kunstwissenschaft 63) Nürnberg 1979

Kob, Sabine: Wielands Shakespeare-Übersetzung. Ihre Entstehung und ihre Rezeption im Sturm und Drang. Frankfurt a. M. 2000

Kurth-Voight, Lieselotte E.: Perspectives and Points of View: The Early Works of Wieland and Their Background. Baltimore and London 1974

Jacobs, Jürgen: Wielands Romane. Bern und München 1969

Jacobs, Jürgen: Don Ouijote in der Aufklärung. Bielefeld 1992

Jens, Walter: Christoph Martin Wieland: Probleme eines Übersetzers. In: Jens, Walter: Ort der Handlung ist Deutschland. Reden in erinnerungsfeindlicher Zeit. München 1981, S. 185–191

Lim, Jeong-Taeg: Don Sylvio und Anselmus. Untersuchungen zur Gestaltung des Wunderbaren bei C. M. Wieland und E. T. A. Hoffmann. Frankfurt a. M., Bern 1988

Manger, Klaus: Klassizismus und Aufklärung. Das Beispiel des späten Wieland. Frankfurt a. M. 1991

Mayer, Hans: Wielands ‹Oberon›. In: Mayer, Hans: Das unglückliche Bewußtsein. Zur deutschen Literaturgeschichte von Lessing bis Heine. Frankfurt a. M. 1986, S. 90–106

Meyer, Hermann: Das Zitat in der Erzählkunst. Zur Geschichte und Poetik des Europäischen Romans. Stuttgart ^{2}1967, S. 89–113; Christoph Martin Wieland: ‹Der goldne Spiegel› und ‹Die Geschichte des Danischmend›

Miller, Steven R.: Die Figur des Erzählers in Wielands Romanen. (Göppinger Arbeiten zur Germanistik 19) Göppingen 1970

Müller, Jan Dirk: Wielands späte Romane. München 1971

Ohm, Reinhard: «Unsere Jungen Dichter». Wielands literarästhetische Publizistik im «Teutscher Merkur» zur Zeit des Sturm und Drang und der Frühklassik (1773–1789). Trier 2001

Preisendanz, Wolfgang: Die Auseinandersetzung mit dem Nachahmungsprinzip in Deutschland und die besondere Rolle der Romane Wielands (‹Don Sylvio›, ‹Agathon›). In: Nachahmung und Illusion. Kolloquium Gießen 1963. Vorlagen und Verhandlungen, hg. von H. R. Jauss, München 1964 (Poetik und Hermeneutik 1), S. 72–93

Reemtsma, Jan Philipp: Das Buch vom Ich. Christoph Martin Wielands «Aristipp und einige seiner Zeitgenossen». Zürich 1993

Rickes, Joachim: Führerin und Geführter. Zur Ausgestaltung eines literarischen Motivs in Christoph Martin Wielands ‹Musarion oder die Philosophie der Grazien›. Frankfurt a. M. und Bern 1989

Rowland, H.: Musarion und Wielands Concept of Genre. Göppingen 1975

Schrader, Monika: Mimesis und Poesis. Poetologische Studien zum Bildungsroman. Berlin/New York 1975

Starnes, Thomas C.: Der Teutsche Merkur. Ein Repertorium. Sigmaringen 1994

STARNES, THOMAS C.: Der Teutsche Merkur in den österreichischen Ländern. Wien 1994

STOLL, KARIN: Christoph Martin Wieland. Journalistik und Kritik. Bedingungen und Maßstab politischen und ästhetischen Räsonements im ‹Teutschen Merkur› vor der Französischen Revolution. Bonn 1978

VIERING, JÜRGEN: Schwärmerische Erwartung bei Wieland im trivialen Geheimnisroman und bei Jean Paul. Köln 1976

WAHL, HANS: Geschichte des Teutschen Merkur: Ein Beitrag zur Geschichte des Journalismus im achtzehnten Jahrhundert. Berlin 1914. Reprint New York 1967

WEYERGRAF, BERND: Der skeptische Bürger. Wielands Schriften zur Französischen Revolution. Stuttgart 1972

Namenregister

Die kursiv gesetzten Zahlen bezeichnen die Abbildungen

Anna Amalia, Herzogin von Sachsen-Weimar 81, 85, 87, 90 f, 102, 126, 129, *84*
Ariosto, Ludovico 56, 108, 114, 124
Aristophanes 64, 117
Aristoteles 35, 78

Bahrdt, Karl Friedrich 64
Bärstecher 81
Bartholomäi, Albrecht Friedrich 49
Baumer, Johann Wilhelm 15 f
Bayle, Pierre 14, 21, 124
Behringer, Fräulein 43
Beißner, Friedrich 47, 83
Bertuch, Friedrich Justin 91
Bianconi, Giovanni Ludovico 17
Blanckenburg, Friedrich von 47
Bodmer, Johann Jakob 20 f, 25, 26 f, 31 f, 52, *21*
Bondeli, Julie von 35 f, 43 f, *35*
Böttiger, Carl August 107
Boyer, Abel 39
Brant, Sebastian 102
Breitinger, Johann Jakob 20
Brentano, Bettina 31, 126
Brentano, Clemens 31, 126
Brentano, Peter Anton 31
Brentano, Sophie 124 f, 129, *124*
Brockes, Barthold Heinrich 10, 16, 23
Bürger, Gottfried August 111
Burnet, Gilbert 33
Butler, Samuel 74

Carl August, Herzog von Sachsen-Weimar 81, 84 f, 89, 91, 92, *88*
Carl Theodor, Kurfürst von Bayern 111
Caroline, Landgräfin von Hessen-Darmstadt 75
Cervantes Saavedra, Miguel de 16, 67, 74, 108, 124

Chaucer, Geoffrey 114
Christine de Pisan 104
Cicero, Marcus Tullius 15, 35, 117, 129
Claudius, Matthias 113, 122
Clemens Wenzeslaus, Kurfürst und Erzbischof von Trier 74
Crébillon, Claude-Prosper 46, 66, 74, 124

Demokrit 109
Diderot, Denis 60, 74
Diogenes 65, 67
Doll, Johann Jakob *12*

Elinor, Königin von England 111
Emmerich Joseph, Kurfürst und Erzbischof von Mainz 61, 75
Erasmus von Rotterdam 77
Eschenburg, Johann Joachim 122
Euripides 109, 117

Fénelon (François de Salignac de La Mothe-Fénelon) 77
Ferguson, Adam 87
Fielding, Henry 46, 67, 124
Flachsland, Caroline s. u. Caroline von Herder
Francke, August Hermann 9, 13
Friedrich II. der Große, König von Preußen 33, 52
von Fritsch, Staatsrat 90

Garve, Christian 87
Gebler, Tobias Philipp 78
Geißler, Christian Benjamin 107
Gellert, Christian Fürchtegott 22
Geßner, Heinrich 107, 122, 126
Geßner, Salomon 26, 49, 60, 81, 107, *29*
Gleim, Johann Ludwig Wilhelm 59, 60, 69, 71, 75 f, 85, 95, 119, *72*

Goertz, (Johann Eustach von Schlitz) 81, 90f
Goethe, Catharina Elisabeth 126
Goethe, Johann Wolfgang von 7f, 9, 23, 41, 47, 55, 67, 87, 96, 99f, 107, 108, 111, 113, 117f, 122, 125f, 129, *98*
Göschen, Georg Joachim 122
Gottsched, Johann Christoph 10, 14, 21
Graun, Carl Heinrich 51
Grebel-Lochmann, Frau von u. Elisabeth Hirzel
Groschlag, Friedrich von 61, 68, 75
Gruber, Johann Gottfried 16
Gutermann, Georg Friedrich 17, 31
Gutermann, Sophie s. u. Sophie von La Roche

Hagedorn, Friedrich von 20
Hahn, Philipp Matthäus 103
Haller, Albrecht von 16, 63, 78, *43*
Hamilton, Anthony 66f, 123
Haydn, Joseph 108
Heinrich von Morungen 21
Heinrich II., König von England 111
Heinse, Johann Jakob Wilhelm 69, 108
Helvétius, Claude-Adrien 67
Herder, Caroline von 76, 122
Herder, Johann Gottfried von 76, 89, 96, 99, 113, 117, 126, *120*
Heß, Johann Jakob 25
Hillenbrand, Anna Dorothea von s. u. Anna Dorothea Wieland
Hillern, Cateau von 44f, 109
Hillern, Johannes von 44
Hippokrates 109
Hirzel, Elisabeth 32, 126
Hirzel, Hans Kaspar 25
Hochmann, Johannes 25
Hogel, Cäcilie 45
Hogel, Christine 44f, 47, 49, 57, 65
Hölderlin, Friedrich 107
Homer 28, 68, 74
Horaz 10, 28, 60, 95, 117f, 124
Hufeland, Christian Gottlieb 102
Hutten, Ulrich von 103

Ignatius von Loyola 120
Iselin, Isaak 35, 64
Itkonen, Kyösti 42

Jacobi, Friedrich Heinrich 74, 81, 85, 88f, 95, 96f, 98, 101, 102, 111, *66*
Jacobi, Johann Georg 69, 71, 74, 85, 95, 96f, 101, 102, *67*
Jagemann, Christian Joseph 102
Jean Paul (Johann Paul Friedrich Richter) 7, 126
Jens, Walter 118
Jommelli, Niccolò 51
Joseph II., Kaiser 78, 89
Joyce, James 128

Kant, Immanuel 7, 95, 102
Katharina II. die Große, Zarin 60
Kaunitz, Wenzel Anton Graf 65, 68
Kleist, Heinrich von 7, 100
Klopstock, Friedrich Gottlieb 16, 23, 25, 26, 28, 124, *20*
Knebel, Karl Ludwig von 91
Konstantin, Prinz von Sachsen-Weimar-Eisenach 81

La Roche, Fritz von 61
La Roche, Georg Michael Frank von 31, 59, 69, 74, *54*
La Roche, Maximiliane von 31, 53, *52*
La Roche, Sophie von 17f, 23f, 31, 43, 44f, 47, 59, 74, 81, 89, 101, 109, 124f, *19*, *125*
Lavater, Johann Kaspar 96, 102, 122
Leibniz, Gottfried Wilhelm Freiherr von 35
Lenz, Jakob Michael Reinhold 122
Lessing, Gotthold Ephraim 7, 30, 33f, 41, 47, 85, 89, 95, 99, 108, *34*
Lichtenberg, Georg Christoph 63
Lips, Johann Heinrich 102
Livius, Titus 15
Locke, John 35
Ludwig XVI., König von Frankreich 106
Lukian von Samosata 74, 117f, 124
Lukrez 18

Machiavelli, Niccolò 77
Maecenas, Gaius Clinius 60
Margarete von Valois, Königin von Navarra 104
Maria I. Tudor, die Katholische, Königin von England 33
Maria Theresia, Kaiserin 81
Marivaux, Pierre Carlet de Chamblain de 46, 102
Maximilian III. Joseph, Kurfürst von Bayern 111
Meier, Georg Friedrich 23
Melville, Herman 128
Mendelssohn, Moses (Moses ben Menachem Mendel) 57
Merck, Johann Heinrich 89, 95, 102, *101*
Meusel, Johann Georg 95
Meyer, Hermann 92
Mickel, Karl 120
Milton, John 21, 23, 28, 66, 68, 74
Molière (Jean-Baptiste Poquelin) 108
Montaigne, Michel Eyquem de 67, 74
Montesquieu, Charles de Secondat, Baron de 78
Möser, Justus 89

Mozart, Wolfgang Amadé 112
Müller, Friedrich (Maler Müller) 109
Müller, Johann Gottlieb 81

Napoleon I., Kaiser der Franzosen 7, 107, 129, *128*
Nicolai, Christoph Friedrich 57, 96, 97f
Noverre, Jean-Georges 72
Nunn, Andreas 63f

Pausanias 74
Pavic, Milorad 78
Petronius Arbiter, Gaius 74
Pfaff, Christoph Matthäus 35
Platon 35, 50, 66, 78
Plinius 35
Plutarch 28
Prévost, Abbé (Antoine-François Prévost d'Exiles) 74

Rabelais, François 60
Racine, Jean 108
Ramler, Karl Wilhelm 57
Reemtsma, Jan Philipp 115, 128
Reich, Philipp Erasmus 65, 74, 82
Reinhold, Karl Leonhard 85, 102, *103*
Reinhold, Sophie 102
Richardson, Samuel 36, 66
Riedel, Friedrich Justus 59, 60f, 64, 68f, 78
Rosamunde 111
Rousseau, Jean-Jacques 35, 67, 68, 78
Rowe, Elizabeth 29
Rowe, Nicholas 33, 66

Sack, August Friedrich Wilhelm 30
Schall von Bell, Maria Anna Reichsgräfin 53, *53*
Schikaneder, Emanuel 113
Schiller, Friedrich 7, 59, 67, 102, 107, 122, *121*
Schlegel, August Wilhelm 41, 102, 122
Schlegel, Friedrich 102, 122
Schmid, Christian Heinrich 95
Schmidt, Arno 8, 115, 128
Schubart, Christian Friedrich Daniel 59
Schulz, Friedrich 102
Schwarz, Joseph 69
Schweitzer, Anton 88, 91, 111
Sengle, Friedrich 47, 66, 79, 92, 94, 108, 111, 114, 120, 128
Shaftesbury, Anthony Ashley Cooper, Earl of 28, 52, 66
Shakespeare, William 7, 33, 39f, 47, 52, 54, 57, 60, 68, 113, 114, 122, 124

Simon, Jordan 63f, 68
Sinner, Ludwig von 34
Sokrates 65
Sonnenfels, Joseph Reichsfreiherr von 78
Stadion, Heinrich Friedrich Reichsgraf von 31, 43, 45, 51, 59, *51*
Staël, Germaine Baronne de 129
Starnes, Thomas C. 7
Stein, Charlotte von 102
Stein, Gottlob Ernst Josias von 87
Steinmetz, Johann Adam 13
Sterne, Laurence 46, 74, 124, 128
Sulzer, Johann Georg 20, 25
Swift, Jonathan 60, 74

Terenz 15
Tieck, Ludwig 41
Tischbein, Johann Heinrich 51

Uz, Johann Peter 30, 68, *30*

Vergil 10, 15
Vollmann, Rolf 41
Voltaire (François-Marie Arouet) 7, 51f, 67, 124

Wartensleben, Karl Friedrich Graf von 76
Wartensleben, Caroline Friederike Gräfin von 65
Waser, Johann Heinrich 27, 118
Weiße, Christian Felix 68
Wieland, Amalie 91
Wieland, Anna Dorothea 57, 59, 61, 125, 129, *58*
Wieland, Luise 129
Wieland, Regina Dorothea 76
Wieland, Regina Katharina 9f, 12, 15, 17, 31, 36, 43, 44, 57, 61, 87, *11*
Wieland, Sophie s. u. Sophie Reinhold
Wieland, Thomas Adam d. Ä. 9
Wieland, Thomas Adam d. J. 9f, 13, 15, 17f, 36, 43, 44, 57, 61, 87, *11*
Wieland, Thomas Adam (Bruder) 57
Winckelmann, Johann Joachim 74
Wolf, Ernst Wilhelm 92

Xenophon 15, 28, 33, 117

Young, Edward 66

Zimmermann, Johann Georg 32, 57, 60, 78

Dank

Im Wieland-Archiv in Biberach an der Riß habe ich für diese Monographie recherchiert, aus seinem Etat wurde mein Aufenthalt dort ermöglicht. Die Leiterin des Archivs, Frau Dipl. Bibl. Viia Ottenbacher M. A., hat meine Arbeit in vielerlei Hinsicht und nicht zuletzt durch ihre freundschaftliche Anteilnahme gefördert: Sie stellte die Abbildungen zur Verfügung, besorgte das Abbildungsverzeichnis, half mir bei der Bibliographie und las kritisch das Manuskript. Dr. Heinrich Bock in Biberach war mir bei der Zeittafel behilflich und gab mir manchen guten Rat. Die Wieland-Chronik von Prof. Thomas C. Starnes war mir eine Fundgrube. In Weimar und Oßmannstedt brachten mich Dr. Egon Freitag und Frau Erika Senf auf Wielands Spuren. Rolf Vollmann wußte stets, was wo nachzulesen war. Ihnen allen danke ich herzlich für ihre Unterstützung der Arbeit und die Förderung der Laune.

Über die Autorin

Irmela Brender, 1935 in Mannheim geboren, war Journalistin und Verlagslektorin, seit 1970 arbeitet sie als freischaffende Buch- und Funkautorin und übersetzt aus dem Englischen und Amerikanischen. Mitglied im VS (seit 1970) und P. E. N. (seit 1977). Literaturpreis der Stadt Stuttgart 1981, Helmut-Sontag-Preis (Publizistenpreis des Deutschen Bibliotheksverbandes) 1989, Wieland-Medaille in Gold, 1992.

Quellennachweis der Abbildungen

Schiller-Nationalmuseum, Marbach: 6
Evangelische Kirchengemeinde Biberach: 12
Städtische Sammlungen (Braith-Mali Museum), Biberach: 18/19
Aus der Graphischen Sammlung der Zentralbibliothek Zürich: 27, 28
Archiv für Kunst und Geschichte, Berlin: 34
Aus: Reichs Stadt Biberachische Statuten oder Sammlung der Grundgesetze, Rechte, Statuten u. Ordnungen dießer des Heil. Röm. Reichs freyen Stadt Biberach. Stadtarchiv Biberach: 39
Schloß Warthausen: 51, 52, 53
Freies Deutsches Hochstift, Frankfurt a. M.: 54, 124
Aus: G. Könnecke: Schiller. Eine Biographie in Bildern. o. o. 1905: 58
Goethe-Museum Düsseldorf: 66, 67
Nationale Forschungs- und Gedenkstätten der klassischen deutschen Literatur in Weimar: 70/71, 88, 129
Gleimhaus, Halberstadt: 80, 101, 125
Yale University Art Gallery, William A. Speck Collection, New Haven, CT: 98
Österreichische Nationalbibliothek, Wien: 121
Alle übrigen Vorlagen wurden vom Wieland-Museum in Biberach an der Riß zur Verfügung gestellt.

Foto: Gisèle Freund

rowohlts monographien

Große Denker

Aristoteles
J.-M. Zemb
3-499-50063-9

Platon
Uwe Neumann
3-499-50533-9

Seneca
Marion Giebel
3-499-50575-4

Sokrates
Gottfried Martin
3-499-50128-7

Karl Marx
Werner Blumenberg
3-499-50076-0

C. G. Jung
Gerhard Wehr
3-499-50152-X

Sigmund Freud
Hans-Martin Lohmann
3-499-50601-7

Martin Heidegger
Walter Biemel
3-499-50200-3

Karl Popper
Manfred Geier
3-499-50468-5

Jean-Paul Sartre
Christa Hackenesch
3-499-50629-7

Friedrich Nietzsche
Ivo Frenzel

3-499-50634-3